쉽게 브랜드 가치
30% 높이기

이창현 지음 | 나종호·김수미 감수

머리말

이 책은 브랜드마케팅에 입문하려고 하거나, 브랜드마케팅 관련 초급 임직원이 알아야 할 기초적인 사항을 주요 사례를 들어 쉽게 이해할 수 있도록 작성했다. 그리고 상품, 서비스를 고부가가치화 하여 소비자에게 직접 판매하기 위해서 고민하는 중소중견기업 경영자에게 추천하고 싶다.

마케팅은 전쟁과 같다. 마케터는 상대해야 할 경쟁사나 경쟁상품에 대한 대응 전략을 설정하는 것이 가장 중요한데, 이때 마케터는 전략적 목표 달성을 위해 필요한 수단과 방법을 다 동원해야 하며, 효과적으로 경쟁사를 제압하고 성과를 창출해야 한다.

이 책에서 다룬 마케터의 업무 범위는 소규모 기업의 마케터뿐만 아니라 글로벌 기업 총수들의 마케팅 활동도 포함한다. 예를 들어 애플의 스티브 잡스와 삼성전자의 이건희 회장이 2010년도 전후에 특허 문제로 대규모 소송 전을 벌이면서 전 세계의 뉴스를 사로잡을 때를 "상보적 경쟁 관계에 위치한 두 마케터의 공동 브랜딩 행위"로 봤다. 두 후발 휴대폰 회사는 노키아 등 절대 강자가 존재하는 통신기기 시장에서 "스마트폰"이라는 용어를 만들어 널리 알리면서 시장에 진출하였고 그 결과 기존 피쳐폰 시장의 절대 강자들을 물리치고 전 세계 스마트폰 시장을 양분했다. 남들 눈에는 절대 앙숙 관계에 있을지 모르나, 이때 두 회사가 취한 마케팅 전략은 "동지적 협동 관계"이다.

마케팅에서 주로 사용하는 방법은 수성 즉 나의 성을 지키는 전략과 공성 즉 남의 성을 빼앗는 방법을 주로 이야기한다. 한편 인터넷 등 정보통신기기와 물류의 발달로 인해 생기는 신규 시장의 경우 수성과 공성이 동시에 전개되기도 하고, 기존에 있던 남의 성을 포위해서 감싸버리는 포위 전략을 쓰기도 하며, 전혀 다른 곳에 아주 큰 성을 지어 기존의 성들의 존재를 무력화시키기도 한다.

이때 브랜드를 활용한 마케팅들 브랜드마케팅이라고 한다. 브랜드는 소비자의 인식 속에 나와 적을 차별화하고, 그 차별화를 통해 나의 새로운 시장을 만드는 것이다. 나의 브랜드를 성실히 키워 가기도 하지만, 때로는 남의 힘을 차용하기도 한다. 차용이란 유사한 경쟁사의 상품명, 로고, 디자인을 합법적인 범위 내에서 잘 활용하거나, 원산지 국가나 지명 등 제조 지역의 이미지를 활용하는 것을 말한다.

본서의 내용의 많은 부분은 이미 나와 있는 다른 마케팅 관련 책들에서 볼 수 있을 것이다. 그러니 이미 마케팅에 대해서 어느 정도 알고 있고, 경험이 있다면 굳이 정독할 필요가 없다. 목차에서 본인에게 필요한 부분만 슬쩍 봐도 된다.

다만 크게 3가지는 다른 책에서 제대로 다루지 않았던 부분이다. 즉 ① 국가 혹은 지역의 명칭을 활용한 브랜드마케팅 사례와 ② 오랫동안 기업들의 성장을 돕거나, 해외 진출을 지원하면시 느끼고 관찰한 좋은 브랜드를 위한 제언, 그리고 ③ 브랜드마케터로서 필요한 기본적인 소양이다.

이 중에서 가장 중점을 둔 것은 국가나 지역의 브랜드명을 잘 활용하거나, 타 이미지를 차용해서 브랜드마케팅 비용을 덜 사용하면서도 더 큰 이익을 얻는 것이다. 나아가 차별화된 신규 시장을 창출하여 지속적으로 높은 경제적 이익을 올리는 것이다. 따라서 이 책을 읽고 브랜드마케팅 관련 전략을 수립하거나 브랜딩을 할 때 실질적인 도움이 된다면 저자의 가장 큰 기쁨일 것이다.

추천의 글 1

(사)한국강소기업협회 나종호 상임부회장

우리나라 근로자의 83%가 중소기업에 재직 중이며, 그 중소기업이 강소기업으로 거듭날 때 한국 경제의 발전과 노동시장의 안정이 온다고 생각하여 뜻 있는 사람들과 함께 한국강소기업협회를 결성하여 활동 중이다. 중소기업들의 어려움이야 어디 한두 가지겠는가만은 그중에서도 가장 큰 것이 자금일 것이고, 그다음이 바로 마케팅일 것이다. 마케팅 중에서도 부가가치가 높은 브랜드마케팅을 하고 싶어 하지만 쟁쟁한 대기업들도 힘들다는 브랜드마케팅을 하자니 돈과 인력이 턱없이 부족하다.

그간 수없이 언론에도 보도되고, 대부분 알고 있다시피 많은 중소기업이 자금과 전문 마케팅 인력이 부족해서 브랜드마케팅을 통한 고부가가치화를 하지 못하고 있고, 그러다 보니 영업이익률이 낮고, 자금 사정도 부족하게 되어 사람과 브랜드에 제대로 투자할 여력이 부족한 악순환을 겪고 있다.

이런 와중에 브랜드마케팅과 관련해서 코트라 이창현 박사가 책을 낸다고 감수를 요청해 왔다. 사실 그간 다양한 국내외 브랜드마케팅 경험을 살려 실질적으로 기업과 기업인에게 도움이 될 수 있는 책을 내라고 예전에 몇 번 제안을 한 적도 있어서 흔쾌히 응했다. 이 박사는 브랜드 마케팅 관련 모임에서 만나 알고 지낸 지 근 20년 가까이 되어 가는데, 경영컨설팅 회사와 대기업에서 브랜드 마케팅 관련 업무를 많이 했고, 코트라에서 국가 브랜드를 담당하다가 브랜드의 본고향인 이탈리아에서도 근무했으며, 한류가 흥한 동남아시아 최대의 국가이자 한류 확산 일로에 있는 인도네시아 자카르타에 근무하면서 수출 중소기업을 지원하는 실전 경험 속에서 익힌 브랜드마케팅 관련 책을 낸다니 매우 반가운 마음이다, 특히 국가 브랜드 혹은 지명 브랜드를 활용하는 방법에 대한 심도 깊은 사례 연구는 정부와 시사체가 해야 할 브랜드 강화의 역할과 그 강화된 브랜드를 활용하는 중소기업의 관계를 잘 밝혔다.

하루아침에 강력한 브랜드를 만드는 비법은 없다. 하지만 시행착오를 줄이거나 좀 더 쉽게 도달할 수 있는 방법은 있다고 보는데, 그에 대한 이론적인 방법론을 바탕으로 실무적인 측면에서 쉽게 풀어 쓰려 한 저자의 책이 학계와 비즈니스 영역뿐만 아니라 브랜드에 관심 있는 젊은이들에게도 많은 도움이 될 것으로 보인다. 특히, 해외에 진출하고자 하는 기업에 필수 지침서가 될 것으로 확신한다.

나종호

추천의 글 2

코스웨이(주) 대표이사 김수미

대한민국의 화장품 산업은 무역 흑자를 기록한 원년인 2014년을 기점으로 급격한 성장을 해 왔다. 2015년 6천여 개에 달하던 화장품 회사가 지난해 2만 개에 육박할 정도로 폭발적으로 증가했으며 한국의 화장품 시장 규모는 세계 시장에서 8번째로 큰 규모가 되었다. K-뷰티라는 이름은 BB크림, 쿠션 파운데이션, 쉬트마스크의 연이은 성공에 힘입어 그다음 화장품을 선택하게 만드는 강력한 브랜드로 글로벌 소비자의 인식에 각인되었고. 대한민국은 전 세계 화장품 시장에서 최고의 자리에 오르지 않으면서도 최고가 누릴법한 인플루엔서의 영향력을 가지고 있는 시장으로 성장한 것이다.

전 세계가 몸살을 겪고 있는 팬데믹 상황에서 대한민국의 화장품 브랜드는 소비자들의 감성과 취향, 습관을 분석하고 소비 시장의 신흥 강자로 떠오른 MZ세대들과 소통하기 위한 브랜드 개발에 한창이다. 이전에 존재하지 않던 새로운 세대의 등장에 화장품 시장은 공정한 소비와 진정성을 외치는 고객의 요구에 부응하고자 빅 브랜드와 인디 브랜드 구분 없이 디지털 트랜스포메이션을 활용한 맞춤형 솔루션을 찾고자 애쓰고 있다.

쏟아지는 화장품 사이에서 영원한 강자도 영원한 승자도 없을 것 같지만 밀물과 썰물처럼 소비자의 사랑과 외면을 번갈아 받아가면서도 유독 그 자리에 존재하는 강력한 브랜드들은 존재한다. 이들의 특징은 원 히트 원더의 단일 품목이 아닌 소비자의 마음 한 켠에 하나의 강력한 브랜드로 자리 잡고 있다. 사랑에 빠지면 눈이 머는 것처럼 브랜드에 빠지면 그 브랜드의 모든 것이 좋아져 다른 것도 함께 선택하게 만드는 브랜드의 힘, 이러한 힘 중에 국가 브랜드가 가지는 힘은 화장품 산업에서 매우 강력하게 작용한다.

최근 화장품 시장에 새롭게 선보이는 브랜드 대다수가 클린 뷰티, 비건, 친환경, 맞춤형의 가치만을 앞다투어 내세우고 있는 시점에서 저자는 글로벌 시장에서 화장품 브랜드의 경쟁력을 쉽게 높일 수 있는 비밀인 국가 브랜드와 화장품 산업 간의 연결고리를 흥미롭게 보여준다. 세계 화장품 시장에서 4번째 수출 대국으로 성장하고 있는 대한민국, 이 책을 통해 한국의 화장품이 글로벌 최고의 수출 강국으로 성장하기 위한 해답을 찾는 데 도움이 되길 바란다.

김수미

목차

제1부 마케팅 일반

제2부 마케터(Marketer),
좋은 마케터가 되는 길 DNA

제3부 국가, 브랜드, 기업

제4부 국가 브랜드와 화장품, 한류

마케팅 일반

가. 마케팅의 출발

1) 마케팅과 영업

가) 영업과 마케팅에 대한 사회적 인식과 현실

영업과 마케팅은 매우 혼용하기 쉬운 단어이다. 의미는 명확한데 혼용해서 사용한다. 그 이유는 명확하다. 영업이란 길거리를 오가며 사람을 만나서 부탁하거나 머리를 조아려야 하는 것처럼 보인다. 그리고 마케팅이란 큰 그림을 그리거나 책상에 앉아서 '감 놔라, 대추 놔라' 하고 말하는 직무처럼 보인다. 그래서 대학을 졸업하거나 뭔가 고급스러운 일을 하는 것처럼 보이기 위해 영업을 마케팅이라는 이름으로 포장하거나 혼용한다. 당장은 여름철 무더위에 길거리를 오가거나, 혹한에 칼바람 맞을 일이 적은 실내 근무가 많은 마케터(마케팅 업무를 주로 하는 사람)가 더 선호될 수도 있겠다. 하지만 길게 본다면 꼭 그렇지만도 않다. 위로 올라가면 올라갈수록 영업과 마케팅은 하나로 묶이게 되고, 결국에는 영업 쪽에서 잘 큰 인재가 더 유리한 경우를 많이 볼 수 있다.

마케팅이란 무엇인가에 대한 정의를 먼저 하고자 한다. 현실적으로 경영학과 대기업의 경영에서 마케팅과 영업 두 직무 간의 명확한 구분이 존재하고, 그 존재 이유가 바로 용어의 올바른 이해를 통한 불필요한 혼동을 제거하기 위함이다.

마케팅(Marketing)이란 한때 시장화(市長化)로 해석되어 마케팅 전략은 시장화 전략으로 풀이하기도 했으며, 마켓 + 팅(Market + ing)이라고 해석해서 시장을 살아있는 현재형으로 바꾼다, 즉 고정되어 있는 시장 판도를 뒤흔들어서, 유격(틈새)을 찾아내고 그 유격을 통해 시장에 진입해서 의도하는 시장영역을 확보하는 것이라고 해석하기도 했다. 기본적으로 현재 시장상황에 만족하지 못하며, 어떤 형태로든 판을 바꿔 보겠다는 의도에서 출발한 것이다.

나) 직무 특성

영업직이란 사람을 주로 만나야 한다. 그리고 마케팅직이란 책상에서 잘 분석하고 기획해야 한다. 영업직이 사람의 마음을 주로 움직이는 직업이다 보니 젊은이들이나 목에 힘이 들어가 있는 사람에게는 다소 어색하게 느껴질 때도 있다. 하지만 사람의 마음을 얻기 위해서는 겸손해야 한다. 그리고 다양한 사람을 만나야 하고, 또 당장 현금을 거래하는 것이니 시간이 지날수록 세상 물정과 처세에 밝아진다.

반면 마케팅직(마케터)이란 시장을 큰 그림에서 봐야 하고 사람을 직접 만나더라도 주로 분석의 대상으로 접근하게 되고, 2차 자료, 데이터 등을 위주로 분석하게 되니 오히려 사람을 상대하는 데 능숙하지 못하는 경우가 많다. 그리고 마케터의 기본 기질 중의 하나가 싸움인데, 세상을 주로 싸움의 대상으로 인식하기도 한다. 이런 호전적 기질로 인해 내부적으로 융화가 힘든 경우도 있다.

(1) 사전적 정의

우리나라에 직업 사전이라는 것이 있다. 직업 사전이란 노동부에서 각각의 직업의 특성을 파악하고, 그에 맞는 직무훈련을 시켜, 가능하면 많은 사람들이 경제활동에 참여할 수 있도록 촉진하기 위한 기초작업의 하나로, 각 직업에 대한 정의를 내리고 있다. 주로 관련 직무의 종사자들을 면담하고, 그 종사자들의 활동내역과 주로 취급하는 자료(data)를 바탕으로 분석한다. 따라서 이론적인 그 어떤 정의-경영학 교과서, 혹은 마케팅 이론서, 영업 이론서 등등-보다 더 현실적일 수 있다.

(가) 마케터

직업 사전에 보면 마케터(마케팅 사무원)에 대해서 다음과 같이 정의를 내리고 있다.

> "마케팅 활동을 위한 중장기 운영계획을 수립하고, 해당 사업 전반에 미치는 효과를 분석한다. 필요한 마케팅 요소를 사전에 파악하여, 사업 진행에 요구되는 전사적인 마케팅 협력을 유도한다. 시장, 매출, 상품, 가격, 고객 정보 등을 분석하여 현장 진행 대응을 위한 참고자료로 제시한다. 경쟁사 동향, 소비 동향, 소비자 특성, 관련 산업 발전 방향 등의 시장 환경을 분석한다. 마케팅 매체, 지역 및 대상 등을 결정한다. 지역별, 지점별 판매력을 분석하고 판매촉진 활동을 한다."

이에 대한 업무 숙련 기간을 표기하였는데, 2년 정도면 어느 정도 자신이 맡은 일을 할 수 있는 것으로 나와 있다. 즉 누군가의 지시를 받아 기초적인 작업은 할 수 있다는 이야기이다. 즉 마케팅 사무원이 상급자의 지시를 받아서 마케팅 활동에 필요한 자료를 만들어서 상급자에 보고하면 최종 의사 결정자가 이를 바탕으로 신상품을 개발하고, 이를 시장에 출시(상륙, 런칭이라고도 한다)하여 우수한 상품으로 만든다.

하나의 상품을 만들거나, 브랜드를 출시하는 일은 매우 큰 돈이 들어가는 작업으로 한두 명의 마케터가 결정할 수 있는 일은 매우 제한적이다.

아래의 기사를 유심히 읽어보면, 당시 애경이라는 대기업의 오너인 안용찬 사장이 직접 브랜드와 상품개발 업무를 담당한 것으로 나와 있다. 어느 회사든 신상품 개발, 신규 브랜드 출시에는 대표이사의 깊은 관심 속에서 추진된다는 사례라고 봐야 한다.

> "노사 간의 신뢰가 확고하다는 뜻이다. 이처럼 애경의 성장판이 빠르게 움직이는 것은 안 사장이 10년 동안 줄기차게 추진한 1등 브랜드 전략이 주효했기 때문이다.
>
> 안 사장이 개발한 브랜드는 2080, 아이린, 케라시스, 스파크, 퍼펙트, 트리오, 순샘, 울샴푸, 포인트, 에이솔루션 등 이루 헤아릴 수 없을 정도다.
>
> 이 중 2080 치약은 지난해 500억 원의 매출을 올렸고, 올해는 1,000억 원을 기대하는 간판상품이다. 이처럼 안 사장이 만든 브

랜드는 한결같이 대박을 터뜨리며 생활용품시장을 대표하는 명실
상부한 1등 브랜드로 자리매김했다.

이처럼 그가 자식처럼 키워온 브랜드들이 줄줄이 히트를 하면서
애경을 불황 무풍 기업으로 탈바꿈시킨 촉매제 역할을 했다는 게
업계의 분석이다"(헤럴드경제, 2005. 7. 21.)

(나) 영업

한편 영업에 대해서는 매우 다양한 정의가 있다. 법률적으로 영업
이란 기업의 경영을 위한 모든 판매 관련 활동을 영업이라고 표현한
다. 이 영업이란 편의점과 같이 가게를 열어 놓고 판매하는 행위부터
시작해서, 온라인으로 물건을 판매하기 위한 홈페이지 개설, 혹은 잘
팔릴 수 있도록 광고를 하는 행위, 공장을 돌리기 위해서 전기를 끌
어들이는 업무 등 모든 기업의 영위를 위한 활동은 영업이라고 표현
한다.

기업에서 직군 혹은 직무로서의 영업이란 '직업 사전'에 나와 있
는 식품영업원을 예로 드는 것이 빨리 이해가 될 듯하다.

직업명 : 식품영업원

[직무 개요]

주류, 곡류, 채소류, 과일류, 육류 등 식품에 관련된 영업 활동을 하고 거래처 확보, 납품업무를 수행한다.

[수행직무]

취급하는 식품의 종류, 명칭, 가격, 원산지, 공급량, 유통 기한, 물류 방법(냉장, 상온, 포장 등), 취급 주의사항, 특장점 등을 파악한다. 식품류 소비자 및 거래처의 요구사항, 자사 품목의 시장점유율, 경쟁업체의 동향, 품목의 동향 등 시장 상황에 대한 정보를 파악하고 영업 활동과 연계시킨다. 영업전략 수립에 필요한 시장의 정보를 수집하고 정리하여 보고하기도 한다. 신규 거래처를 개발한다. 거래처 담당자와 주문 수량, 배달일정, 반품처리, 결제조건 등을 협의한다. 판촉, 홍보, 행사 등 영업 활동을 수행한다. 주문을 처리하고 납품을 한다. 주문량과 매출액 등을 기록한다. 반품이나 하자 등 판매 후 발생하는 문제를 처리한다.

이처럼 영업직은 고객 접점 즉 고객이나 매장 등을 직접 관리한다.

(2) 영업과 마케팅의 공통점과 상호 간의 관계

여기서 위의 마케팅 관련 직무에서나 영업 관련 직무에서 공통으로 나타나는 사항이 시장 동향 분석과 판매촉진 활동이다. 두 직무의 '시장 동향 파악 정보'와 '판매촉진 활동'은 대기업일 경우 서로 따로 추진되는 경우가 많다. 특히 소비재 등 직접 고객을 상대하는 대기업일 경우 거의 서로 연관이 없다시피 따로 추진되는 것이 일반적이다. 하지만 때에 따라서는 서로 협의하여 동시에 추진하기도 한다.

예를 들면 통신회사에서 광고를 하는 경우, TV나 페이스북에 신상품을 광고하는 것은 마케팅부서에서 담당을 하고, 휴대폰 대리점 앞에서 모델의 얼굴이 담긴 광고 전단에 휴대폰의 가격을 담은 전단을 나눠 주는 것은 영업부서에서 한다. 그리고 판촉비를 지급한다고 할 때, 광고모델료, 혹은 제휴마케팅-예를 들자면 제과점에서 휴대폰 포인트로 물건을 사는 것-과 같은 곳에 비용을 지불하는 것은 통상 마케팅부서에서 하고, 휴대폰 가격을 특별한 날에 할인해 주는 판매촉진 행사를 진행한다면 이는 영업부서에서 하는 것이라고 보면 된다.

이때 제휴한 다른 상품 즉 제과점의 포인트로 특정 휴대폰 매장에서 할인된 금액으로 휴대폰을 구매한다면 이 일은 영업부서와 마케팅부서 간 협업으로 추진해야 한다.

(3) 마케터의 역할과 의무

마케터(Marketer)는 마켓(Market)을 살아 움직이게 해야 하는(+ing) 마케팅(Marketing)을 해야 한다. 즉 시장이라는 단어 Market에 ing가 붙어서 어떤 새로운 명사 혹은 동명사를 만들었다. 그래서 dictionary.com 이라는 온라인 사전에 보면 "the provision of goods or services to meet customer or consumer needs(고객이나 소비자의 욕구를 충족시킬 수 있는 상품 혹은 서비스를 제공하는 것)"라고 정의되어 있다. 고객이나 소비자는 시장의 상황에 따라 항상 변화해 가는데 마케터는 그 변화를 따라잡거나 혹은 선도해야 한다. 따라잡는다는 것은 후발주자들이 주로 하는 행위이며, 선도하는 것은 선발주자들이 하는 행위이다.

여기서 선발주자란 시장을 선도하는 기업, 혹은 시장 지배력을 갖춘 기업이라는 의미도 되며, 비록 현재는 선도하는 기업이 아니더라도 곧 선도를 하고 싶은 욕구를 시현한 기업도 여기에 해당하겠다.

시장을 살아 움직이게 하기 위해서 필요한 것이 바로 그 유명한 4개의 P로 시작하는 마케팅 4P(마케팅 포피, 상품-Product, 가격-Pricing, 장소-Place, 촉진-Promotion)이다. 미국의 유명한 마케팅학자인 E. Jerome McCarthy(미시간 주립 대학의 교수, 이. 제롬 매카시) 교수가 1960년에 발간한 책에 등장한다. 매카시 교수는 4P로 시작하는 마케팅 전략을 적절하게 섞어서(MIX) 사용해야 한다고 주장했다.

여기서 나온 말이 마케팅 믹스(Marketing Mix 혹은 4P MIX)이다. 뒷날 인터넷이 나오면서 소비자가 다양한 사이트를 비교하면서 물품을 구매할 때, 호사가들 입에서 나온 것이 4C 전략이다. 즉 생산자 입장에서 소비자 특히 인터넷을 통한 구매자 관점에서 4P를 재구성하였다. 사실 4P 전략이나 4C 전략의 공통점은 심오한 사실의 발견이나 분석(analysis)한 것이 아니라, 기존에 있던 것을 분류(grouping)한 것이다. 여기서 가장 중요한 것은 바로 믹스(MIX) 한다는 개념이다. 이 믹스에 대한 개념은 추후 다시 설명하겠지만 마케팅 믹스를 설계하기 위해서는 많은 경험과 객관적인 자료를 필요로 한다.

먼저 4P가 4C로 바뀌는 것을 설명하자면 다음과 같다.

매카시 교수가 주장하는 4P 중 첫 번째 요소는 어떤 상품(Product)

을 만들 것인가 하는 것인데, 고객 입장에서 어떤 가치가 있나 하는 '고객 가치(Customer Value)'로 본다. 고객이 생각하는 상품의 가치이다. 이런 주장의 이면에는 유사한 상품이 넘쳐나는 잉여공급 사회이기 때문이다. 고객이 생각하는 상품의 가치이다. 이런 주장의 이면에는 유사한 상품이 넘쳐나는 잉여공급 사회이기 때문이다. 4P에서 4C로 변화했다는 것은 공급자(주체) → 소비자(객체) 관점에서 고객 및 시장(주체) → 공급자(객체)로 바뀌었다는 것이다. 주체와 객체가 바뀌었다는 것은 매우 많은 의미를 줄 수도 있기 때문이다.

'가격(Price)'은 '비용(Cost)'이 전환된 개념이다. 기업 입장에서 책정하는 '가격' 개념은 고객 입장에서 얼마나 비용을 지불해야 하나 하는 '비용'의 이슈가 되었다. 즉 언제 어떤 노력을 기울여야 나의 소유가 되는지에 대한 종합적인 비용개념이다. 가격이 아무리 싸더라도 구매를 결정하기가 불편하다면 그것이 다 비용으로 가산된다.

'유통(Place)'은 '편리함(Convenience)'이다. 고객 입장에서 얼마나 편하게 가서 구매할 수 있나, 즉 '접근성'의 개념이 된다. 즉 기업은 백화점, 마트, 인터넷 등으로 구분해서 가격이나 상품의 사양을 다르게 할 수도 있다. 하지만 고객은 얼마나 쉽게 접근할 수 있느냐로 해당 상품과 서비스를 평가한다.

마지막 '촉진(Promotion)'은 '소통(Communication)'으로 바뀌었다. 과거에는 TV나 영화관 등에서 광고를 봤다면 요즘은 적극적으로 인터넷을 찾아본다. 즉 과거에 광고의 정보전달적 기능을 활용한 '촉진'이 이제는 수용자의 능동성, 더 나아가 소비자의 적극성으로 바뀌었다고 보는 것이다.

어떤 이들은 5C 혹은 6C를 주장하기도 한다. 중국(China)이라는 변수를 넣어야 한다는 것이다. 혹자는 원산지(Country of Origin)를 넣어야 한다고 한다. C로 시작하는 단어 중에서 자신이 중요하다고 생각하는 단어를 넣는 것인데 이 역시 문제를 단순화하면서도 자신의 주장을 효과적으로 전달하기 위한 방법의 하나이다.

C가 7개를 넘기 전까지는 얼마든지 가능할 것으로 보인다. 7개를 넘어가면 외워서 사용하기에 편리하지 않으니까 말이다. 차제에 제안을 하자면 문화와 종교(Culture and Religion)를 넣는 것은 어떨까 싶다. 특히 국제 브랜드마케팅에서는 말이다.

혹자는 4P에서 4C로 바뀐 것은 일면 이해가 되나 5C(China), 6C(Country of Origin), 7C(Culture and Religion)로 늘어나는 것에 대해서 다음과 같이 이야기한다. '앞에 기술한 4C는 통제 가능하나, 후술한 3C는 통제가 불가능한 요소이며, 따라서 절대 같이 넣을 수 없다'라고. 이때 7C 주창자는 이렇게 말한다. '마케터는 통제 가능 요소와 필요 고려사항을 모두 정확히 알고 있어야 한다.'

2) 4P(4C)로 본 마케터의 의무 : 시장을 바꾸는 것

마케터는 4P(혹은 4C 혹은 7C)를 구체적으로 구현해야 한다. 그래야 시장을 바꿀 수가 있고, 만들 수 있으며, 시장을 살아서 움직이게 할 수 있다. 그래야 기회가 생긴다. 적어도 4개 중의 하나는 기존의 것과 완전히 차별화해야 한다.

시장은 커다란 얼음덩어리 같다. 이 두꺼운 얼음덩어리 깨는 데는 끝이 두툼한 커다란 쇠망치로 두드리기보다는, 끝이 뾰족한 송곳형 망치가 훨씬 나을 것이다. 가볍고 날카롭게 시장을 찔러 들어가야 한다. 빠르고 날카롭게 소비자의 생각 속에 들어가서 소비자의 구매행태를 바꾸고, 구매방식을 바꿔야 한다. 기존에 하던 방식대로 따라 하는 것은 진부한 것이다. 변화가 없는 동일한 시장이란 세상에 있을 수 없다. 어느 날에는 급변하고, 어느 날에는 조금씩 변화한다. 거의 변화가 없는 것처럼 보이지만, 그 변화를 인지했을 경우에는 돌이킬 수 없을 때가 많다. 그래서 스스로 먼저 변화하고 또 변화해야 한다. 물론 변화하다 보면 실패가 반드시 따르기 마련이다. 그 실패를 두려워해서도 안 되고, 책임을 회피해서도 안 된다.

마케터로서 시장을 바꾸려 한다면 아래의 3가지 중 하나 이상을 적용할 때 성공확률이 높아진다. 먼저 ① 새로운 상품 콘셉트(New Concept)를 개발하여 세분 시장에 도입하면서 공략하여 성장하는 것인데, 이때 새로운 콘셉트란 기존에 있던 여러 Concept들을 결합하여 부가적인 가치를 고객에게 제공하기도 한다. ② 신기술(New

Technology)의 접목 및 도입으로 고객에게 차별적 가치를 제공한다. ③ 뛰어난 마케팅 실행력(Excellent Marketing)을 통한 성장인데 이때 는 주로 효과적인 네이밍(Naming), 신상품 출시 타이밍(Timing), 광 고 집행의 효과성 등으로 구분될 수 있다.

예를 들자면 초기의 애플 아이폰 제품들은 대부분 위의 '새로운 콘 셉트'로 시장에 접근했다. 기존에 있던 콘셉트들을 모아서 새로운 콘 셉트를 고객에게 제안한 것이다. 당시 사용한 기술은 모두 이미 있던 기술이다. 한편 삼성전자의 '폴더블 폰'은 신기술을 선보인 것이며, 현대차의 '10년, 10만 마일 보증수리'가 뛰어난 마케팅 실행력의 예시 가 될 것이다.

그런데 아무런 노력이나 힘이 없이 뭔가를 움직이거나 변화시킬 수는 없는 법이다. 마케터에게 주어진 권한이 있다면 그에 따른 책 임도 크다. 즉 손해와 이익의 준말로 표현되는 손익(P&L, Profit and Loss)을 계산하는 것이다. 마케터에게 가장 곤혹스러운 순간이자 마 케터가 회사 내에서 최상의 포식자 위치를 차지할 수 있게 된 배경 은 바로 이 손익계산이다.

초기 마케팅적 투자를 많이 해서 장부상 손해가 나더라도 얼마간 의 시간 후에 만회해서 지속하여 이익을 내는 것이 기초 구조인데, 3년~5년간의 전체 손익구조를 얼마나 잘 설계하느냐에 따라 기업 과 상품의 사활이 걸린다. 즉 전체 손익을 책임지지 못한다거나, 이 에 대한 권한이 없다면 진정한 마케터가 아니다. 공식적인 책임과

권한이 없다 하더라도 최소한 손익에 대한 명확한 이해를 하고 있어야 한다. 그렇지 않는 한, 단지 마케팅 업무를 지원하는 사람이다.

마케터는 시장을 바꾸는 사람이어야 한다. 그리고 그 바꾼 대가로 수익을 확보할 수 있어야 한다. 시장의 판을 바꾸는 데 실패한 마케터는 존재할 수 있어도, 시장의 판을 바꾸려는 노력을 하지 않는 마케터는 진정한 마케터가 아니다.

(가) 상품(Product)

마케팅 행위 즉 4P 중의 하나인 상품일 경우, 기존 상품을 변화시킬 수도 있어야 한다.

상품의 개발은 엔지니어가 한다. 즉 스마트폰을 구동시킬 소프트웨어를 개발하거나 스마트폰에 쓰이는 반도체 칩을 설계하는 것은 전자공학도가 할 일이며, 금속의 표면을 아주 매끄럽게 가공하는 금속공학도가 할 일이고, 스마트폰 케이스의 플라스틱 화합물의 표면처리를 잘 하는 것은 기술을 가진 화공인이 할 영역이다.

그런데 마케터에게 상품에 대한 전략을 수립하라니 말이 되는가? 말이 된다. 여기서 마케터의 역할은 소비자들의 주머니에 들어갈 수 있을 만큼 작고, 갓난아기도 만질 수 있을 만큼 가벼우면서도 안전하고, 노트북 컴퓨터처럼 다양한 기능을 수행할 수 있는 상품이 필요하다는 것을 이해하고 그 이해한 바를 관련자(경영인, 엔지니어 등등)에게 전달해서 그 상품을 만들어 낼 수 있도록 하는 것이다. 또한 필요하다면 판매촉진용 보조상품을 쓸 수도 있다. 가령 청량음료를 하나 샀는데 청량음료 가격보다 훨씬 비싸 보이는 인형을 덤으로 얻을 수도 있다.

우리나라 주요 대기업의 하나인 애경은 초기에 트리오라는 주방세제가 히트를 하면서 회사가 비약적으로 발전했다. 그 뒤 샴푸와 같은 개인용품 시장으로 진출했다. 상품의 핵심 성분은 바로 계면활성제 즉 비누 성분이다. 기름기를 잘 흡착해서 기름때를 벗겨 내는 것이다. 초기 애경산업의 핵심 기술은 계면활성제를 다룰 수 있는 것에서 출발한다. 뒷날 애경의 케라시스라는 샴푸는 LG생활건강, 아모레퍼시픽과 같은 선발 국내 대기업의 프리미엄 샴푸 혹은 글로벌 대기업인 P&G의 팬틴과 같은 샴푸들과 겨눌 수 있는 고가의 상품을 개발하여 시장에 진출하고자 했다.

이때 나온 전략이 바로 앰플이다. 기존의 기업들과 동일한 시장에 동일한 콘셉트의 상품으로 싸우려니 역부족이다. 그래서 앰플을 만들어 냈다.

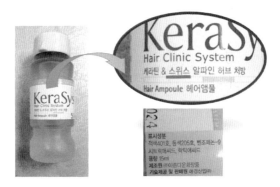

앰플

의료기술처럼 보이게, 그리고 뭔가 강력한 인상을 주기 위해, 그리고 해당 앰플의 수입처를 해외 유럽으로 해서 당시 인기가 높던 유럽산(스위스) 상품의 이미지를 차용했다. 그 결과는 매우 성공적이었다. 초기 내부에서 비싼 앰플 원가로 인해 내부적으로 많은 논의가 있었다고 전해 들었다. 샴푸야 충분히 이윤이 남는 가격으로 책정했지만 앰플의 경우는 거의 본전에도 못 미치는 가격으로 공급했다고 한다.

이런 다각적인 노력 덕분에 애경의 케라시스(Kerasys)는 고가격 샴푸 시장을 삼등분하는 우수한 상품으로 탄생하게 되었다. 즉 신상품 개발 혹은 신상품을 위한 보조상품 등등은 모두 마케터의 몫이자 책임이며 권리이다.

(나) 가격(Price)

상품의 가격을 결정하는 것은 매우 중요하고도 복잡한 일이다. 하지만 때로는 매우 단순하게 접근하기도 한다. 회사 최고경영자의 의지(Top-Down)와 직관, 회사의 정책이 반영되기도 하고, 경쟁사 분석이나 주요 잠재고객층의 소비 패턴에 따른 통계적이고, 과학적인 분석(Bottom-Up)을 통해 결정할 때도 있으며, 원가 분석에 따라 결정할 때도 있고, 제품의 수명주기(PLC, Product Life Cycle)에 따라 결정되기도 한다.

상품의 가격은 원가에다 경영 관리 비용을 붙이고 유통 비용을 고려해서 책정한다. 대부분 공산품-주방세제, 화장품, 라면 등-이 여기에 해당한다. 매우 기호에 민감하거나, 혹은 잘 부패하거나, 급격히 유행을 타는 상품일 경우에는 반품 및 판매하지 못해서 발생할 수 있는 예상 손실액(Loss 액)을 고려해서 가격을 책정한다. 이 경우는 추석이나 설 명절용 청과물, 생선, 발렌타인용 초콜릿, 핼러윈 축제용 의상, 크리스마스용 케이크 등이 대표적일 것이다. 이것을 원가 결정법이라고 한다.

그런데 꼭 이런 경우만 있는 것이 아니다. 경쟁사 결정법도 있다. 경쟁사를 혼내거나 따라오지 못하게 하기 위해서 가격을 의도적으로 낮추는 경우이다. 이때 가격을 낮추는 가장 큰 이유 중의 하나는 현재의 이익을 포기하는 대신 장기적인 이익을 확보하는 것이다.

최근에 대표적으로 신문지면에 거론되는 것이 바로 반도체 가격이다. 한국의 삼성전자와 SK하이닉스 두 회사가 압도적인 글로벌 경쟁력을 갖추고 있다. 1년에 남는 돈이 어마어마하다. 2017년 기준 두 회사가 반도체를 팔아서 번 돈(영업이익)이 약 50조 원이다(삼성전자 반도체 부문 35조 원, 하이닉스 14조 원). 일종의 독과점이기 때문에 이렇게 엄청난 수익을 남길 수 있다. 50조 원의 이익이라는 것은 현재 지구상에 존재하는 약 200개 가까운 나라들(기준에 따라 국가의 숫자는 많이 달라진다) 가운데 웬만한 나라의 1년 예산을 압도한다. 2017년도 기준으로 인구 1억 가까운 나라인 베트남의 1년 국가 예산 수준이며 세상에서 가장 남북으로 길게 뻗어 있는 해안선을 가진 칠레의 1년간 예산과 비슷하다.

이들 두 회사는 이런 호황이 지속하기를 바랄 것이고, 이들 두 회사 상품의 최대 소비국인 중국은 돈을 벌어서 두 회사 좋은 일만 시킨다고 불편해하면서 반도체 시장에 뛰어들기를 희망한다.

두 회사 관점에서는 좋은 기술을 가지고 좋은 시장을 선점했으니 경쟁자가 새로 진입하기를 바라지 않는다. 그래서 후발주자가 시장에 끼어들려 한다면 가격을 거의 원가 수준으로 떨어뜨린다. 상대방은 이제 갓 투자했으니 금융비용(이자 등)을 부담해야 하는데 그러기 전에 몰아치는 것이다.

긴 계단 위에 있는 한 자리를 서로 차지하려 경쟁한다고 상상해보자. 두 사람의 힘과 기량이 비슷하다고 봤을 때, 먼저 높은 위치에 앉아서 기다리는 사람(선발 시장지배자)은 긴 계단을 뛰어 달려온 사람(후발주자)에 비해 훨씬 더 유리하다. 즉 모든 것이 동일한 상황일 때도 이기리라는 보장이 없는데, 훨씬 더 불리한 입장에서 싸워야 한다면 승산이 더 낮아질 수밖에 없다.

한편 일반적인 시장의 이야기를 하자면 내용이 좀 더 복잡하고 달라진다. 보통 선발주자는 방어를 위해 후발주자인 상대방의 약점을 파고든다. 그리고 경쟁자를 통제함으로써 장기적인 이익을 추구한다. 즉 항상 경쟁자를 완전히 제거하는 것만이 능사는 아니다. 경쟁자를 어느 수준으로 통제할 것인가는 선발주자의 전략이다. 완전히 없애려 할 수도 있고, 일부분 남겨 둘 수도 있다. 이는 바로 회사의 전략적 판단에 따른다.

아주 약한 경쟁자를 남겨두면 그 경쟁자는 시장에 마케팅 비용을 투하해서 시장을 활성화하는데 도움을 주기 때문에 강력한 선발 기업에게는 오히려 득이 될 때가 많다.

예를 들면 화장품 소매점에 입점한 소규모 기업은 대기업에 비해 덤(판촉물)을 더 많이 준다. 이런 판촉물들이 해당 화장품 소매점이 매장을 유지하는데 대기업 보다 더 많은 도움을 준다. 화장품 자체의 마진율도 높고, 판촉물도 후하기 때문이다. 대기업 화장품 회사의 경우 그런 소매점들이 많을수록 자사 제품의 고객 접점이 늘어나므로 소규모 기업들로부터 이익을 얻는 다고 볼 수도 있다.

회사는 때로 시장만 보는 것이 아니라 국민적 정서를 같이 봐야할 때도 있다. 미국의 통신회사, 석유회사 등이 독점방지법에 의해 회사가 분할되기도 한 사례가 있다. 우리나라도 통신사가 과점법에 따라 시장점유율을 줄여야 한 경우가 있었다.

SK텔레콤은 2001년도에 신세기통신과 기업결합 조건으로 시장점유율의 합을 50% 이하로 떨어뜨리기로 했다. 이때 적용되는 용어가 디마케팅(De-Marketing)이다. 이때 SK텔레콤 측에서는 고액사용자를 유치하는 대신, 저액사용자를 내보내려 했다. 즉 단순 인적 시장점유율은 50% 이하였지만 전체 통신 시장의 총액에서는 50%가 훨씬 넘었다. 고액 사용 소비자만 선택적으로 가져갔기 때문이다. 당시 기준으로 월 8,000원 미만의 통신비용을 사용한다면 회사가 손해를 보는 구조였다. 즉 망 유지비용이 제대로 나오지 않는다. 선발 기업의 입장에서는 별로 돈도 남지 않고, 관리하기만 귀찮은 소소한 일을 남에게 떠넘기려 한 것이다.

2010년대를 전후로 미국의 셰일가스 혹은 셰일오일이 생산되기 시작할 때, 산유국들이 취한 전략의 하나가 원유의 가격을 낮춰 셰일오일의 성장점을 파괴하는 것이었다고 한다. 즉 셰일오일 생산업자들이 초기 투자비용을 뽑고 나면 그때부터는 기술을 더 발전시켜 생산원가를 더 떨어뜨릴 수 있으며, 그렇게 되면 잠재적인 위협이 실제적인 경쟁상대로 바뀌게 될 수 있다는 가정하에 추진한 것이다. 독점이라야 돈을 더 쉽게 벌 수 있기 때문이다. 결과적으로는 셰일오일 채굴 기술을 획기적으로 개선해서 매우 강력한 경쟁자가 되었다. 어쨌든 산유국들은 경쟁자를 정확하게 파악한 것은 맞으나 적을 통제하는 데에는 실패했다. 그 결과 국제적으로 유가가 많이 하락해서 산유국들의 입지는 크게 약화되었다.

가깝게는 이웃하는 상점, 할인점, 음식점 등에도 다 위의 경쟁전략이 적용되며, 그 경쟁의 핵심에는 바로 상품과 가격이 될 수가 있겠다.

가격 전략의 다른 사례를 하나 들어보자. 가격 전략을 통해 상대를 제압하는 방법은 제조업에서만 일어나는 것이 아니라 동네 슈퍼나 할인점 등등에서도 아주 자주 일어난다. 구체적으로 밝힐 수 있는 사례는 아니나 매우 강하게 회자하는 장기적 가격 전략을 통한 상권 장악 사례 하나를 소개한다.

미국에 한 도시에 한국인들이 평화롭게 살고 있었다. 그곳에는 큰 A 슈퍼마켓도 있었다. 장사도 잘 되었다. 길 건너편에 작은 B 슈퍼마켓도 하나 있었는데, 상대적으로 큰 슈퍼마켓인 A에 비해 매출이 보잘것없었다. 그 가게의 건물을 중국인이 샀다. 그리고 가게 면적을 더 넓게 해 주고 세를 왕창 인하해 줬다. 그러면서 조건을 달았다. 몇 년 동안은 매우 싼 가겟세로 임대할 터이니 그 동안 시장을 평정하라! B 슈퍼마켓 사장은 인하된 임대료를 바탕으로 A 슈퍼마켓과 가격 인하를 통한 전쟁을 할 수 있었고, 그러는 동안 A 슈퍼마켓도 경제적으로 점점 궁핍해져 갔다. 그러는 동안 옆에는 다른 C 슈퍼마켓이 생겼다. 역시 건물 주인은 중국인이었으며, 임대료 역시 매우 쌌다. 도저히 가격 경쟁에서 이길 수 없었던 A 슈퍼마켓은 폐업을 하고 말았다. 중국인은 A 슈퍼마켓의 건물도 매입했다. A 슈퍼마켓은 그동안 전쟁을 하느라 오랫동안 임대료도 제대로 못 냈던 상황이었으므로 폐업한 가게가 있는 건물은 가격이 훨씬 싸졌기 때문에 쉽게 매입할 수 있었다.

그러는 동안 B 슈퍼마켓은 상권을 장악하고 어느 정도 정착했으나 건물주가 지속해서 높이는 임대료를 감당할 수 없었을 뿐만 아니라 C 슈퍼마켓과의 경쟁에서도 이길 수가 없었다. B 슈퍼마켓은 약 10여 년간 극심한 노동을 했으나 결과적으로 무일푼으로 쫓겨났다. 그 후 A와 B의 슈퍼마켓 자리에는 다른 유형의 가게가 들어섰다. 그리고 상권을 독점한 C 슈퍼마켓은 큰돈을 벌고 있다.

가격을 통한 경쟁사의 관리와 통제, 가격을 활용한 경쟁사를 통한 경쟁사의 통제 등은 곳곳에서 일어나고 있다. 가격을 통한 통제는 가장 쉽고, 효과가 빠르나 자칫 하다가는 시장과 회사, 제품을 망칠 수도 있다.

위에서 슈퍼마켓을 예시로 설명했지만, 다른 예시를 하나 들어본다. 계란 한 개 가격이 150원이라고 치자. 그 계란을 15원에 판다면 소비자들은 어떻게 생각할까? 만일 신뢰할 만한 매장에서 판매한다면 횡재했다고 생각하면서 살 수도 있겠다. 하지만 길거리나 좀 허술한 매장에서 터무니없이 싸게 판다면 품질을 믿을 수 없다고 생각하면서 사지 않을 수도 있을 것이다. 또한 계란이라는 상품 군에 대해서도 '저게 올바른 가격인가? 원가가 어떻게 되는가?'라는 의문을 가질 수도 있을 것이다.

시장에서 '가격이 무너진 상품'이라는 말은 그 '상품 판매의 종언'을 의미하는 것이나 다름없다. 가격이 무너졌다는 것은 기준가격이 지켜지지 않아서 소위 덤핑을 하는 상품들이 돌아다니거나, 권장가격의 몇십 퍼센트 이하로 판매하는 경우를 말한다. 대부분 신상품이 나와서 더 이상 회사나 판매자에게 매력이 없는 제품 혹은 비슷한 이유로 판매되는 떨이 제품이 이에 해당한다. 주로 강력한 경쟁상대가 나타났을 경우 가격을 낮춘다. 경쟁상대와 비교해서 특별한 이점이 없을 경우 가격을 낮춰서 판매촉진을 유도한다. 여기서 경쟁상대란 경쟁사 제품일 수도 있지만 자사 내의 신상품일 수도 있다.

이미 제대로 된 상품으로서의 수명이 다 했을 경우라도 어떻게든

제품을 팔아 최소한의 원가라도 보전하고 싶은 것이 제조사의 생각이다. 기존의 제조사들은 브랜드(의류의 경우 라벨)를 제거하고 판매를 하거나, 자사 내 직원 및 일부 특정 고객만을 대상으로 조용히 판매해서 상품을 소진한다. 때로는 가공식품의 경우와 같이 유통 기한이 있는 경우에는 몇 개씩을 묶어 매우 싼 가격에 대대적으로 판매하기도 한다. 일부 회사의 경우 제품 자체를 폐기하는 경우도 있지만 '대부분'의 회사는 팔아서 얼마라도 건지려고 한다. 이런 '대부분'에 해당하는 회사들은 대부분은 시장에서 2등 이하의 회사들이다.

폐기해야 할 제품을 가격 몇 푼이라도 건지려고 하는 사례에 해당하는 회사들은 왜 그렇게 하는 것일까? 중요한 이유는 1위 기업은 2위 기업과 3위 기업보다 항상 시장을 선도하기 때문에 유행 중인 품목의 재고가 거의 남지 않기 때문이다. 즉 시장에 필요한 숫자가 100만 개라고 봤을 때, 선발 기업이 30만 개쯤 팔았을 때쯤 후발 기업들은 이제 만들어 내어놓기 시작한다. 선발 기업은 총 60만 개를 만들어서 50%를 판매한 뒤이다. 남은 70% 시장을 놓고 선발 기업 30만 개, 후발 2위 기업은 30만 개, 3위 기업은 15만 개로 시장에서 싸운다. 선발 기업은 30만 개 중에 29~30만 개 정도를 판다면, 후발 2위 기업은 28~29만 개 팔고, 3위 기업은 12만 개를 판다. 남는 재고 개수는 비슷하거나 약간 차이 날지 몰라도 1위~3위 기업 간의 수익률을 엄청나다. 1위는 엄청나게 버는 반면 2위는 겨우 먹고 사는 수준 혹은 조금 남는 수준이고 3위는 적자이거나 적자를 겨우 면한 수준이다. 1위는 브랜드를 관리할 필요도 있고, 브랜드 관리를 통해서 더 큰 수익을 창출한 경우이고, 3위는 브랜드 관리는커녕 당장 먹고 살기에

급급하게 되고 그러다 보니 악순환의 고리를 타게 된다.

(다) 장소(Place)

여기서 장소란 매우 다양하고 복잡해서 위에 설명한 상품이나 가격에 비해 설명이 길어지고 복잡하다. 그 이유가 상품이나 가격을 소비자들이 접하기 쉬운 부분인데 반해, 장소는 개인이 일부러 찾아 다니지 않는한 접근이 어렵다.

우선 쉽게 설명하자면 어떤 장소-백화점, 대형 마트, 동네 슈퍼, 편의점, 인터넷 등-에서 해당 물건을 사느냐는 유통에 대한 문제라고 볼 수도 있고, 복잡하게 설명하자면 어떤 유통 단계(영어로 채널, 즉 제조사, 1차 직영 대리점, 2차 대리점 등등)를 거쳐서 판매하느냐와 어디에 있는 매장(서울의 명품거리의 하나인 청담동에 있는 매장, 혹은 공항 면세점) 혹은 어느 수준의 매장(서울 강남 중심지에 있는 고가의 상품을 파는 백화점, 혹은 지방에 있는 저가형 재래시장 등)에서 취급하게 할 것인가를 결정한다.

대부분의 소비자의 경우 위에 있는 다양한 장소의 매장을 다 둘러보지 않는다. 즉 자기가 거주하고 있거나 일하고 있는 사무실 근처에서 주로 살펴보고 구매한다. 이때 차별점이나 이미지가 형성된다. 최고급시설의 매장에서 더 비싼 돈을 주고 구매하는 이유가 구매편리성과 상품에 대한 신뢰이기 때문이다.

한편 구매자는 객관적으로 평가하지 않는다. 우리나라에 가장 임대료가 비싼 곳에서 판매하는 담배가격과 가장 임대료가 싼 곳에서 판매하는 담배가격이 같다는 것을 당연하게 받아들인다.

백화점과 재래시장 등으로 상징될 수 있는 유통 장소에 대한 이야기를 벗어나 유통 단계에 대한 이야기를 하자면 약간 더 복잡해진다. 보통 알고 있는 대리점에 대한 이야기다. 흔히들 직영매장, 복합매장 등으로 구분하는데, 휴대폰의 경우 특정 통신사 상품만을 취급하면서 해당 통신사의 직원들이 직접 매장에 나와 영업하고 있는 곳을 지칭하는 직영매장과 개인 사업자가 여러 개 통신사의 상품을 동시에 취급하는 복합매장 등으로 나눌 수 있다.

각각은 많은 장단점이 있으며, 두 개의 장점만을 완벽하게 취하기는 쉽지 않다. 그래서 여러 가지 시장 상황이나 경쟁사들의 동향, 해당 상품에 대한 고객들의 인식, 습관, 취향에 맞춰 다양하게 접근한다.

한편 온라인 시장은 1990년 이후 등장했다. 구글, 아마존, 페이스북 등 온라인 기업들의 주가가 다른 전통기업을 압도하고 있고, 오프라인 시장은 온라인 시장에 압도당할 것으로 보는 사람들도 있다. 많은 기업들도 이 문제로 깊은 고민을 하는 것도 사실이다. 분명한 것은 아직도 대부분의 화장품이나 자동차 등은 오프라인에서 팔리며, 오프라인 시장은 나름대로 특장점인 접촉 용이성을 활용하여 중요한 역할을 할 것이다.

현재의 온라인과 유사한 원격판매라고 불릴 수 있는 것이 우편판매다. 이 우편판매는 카탈로그를 활용한 판매였다. 소비자에게 상품의 사진과 가격, 상품 설명이 든 두툼한 카탈로그를 보내줘서 그 카탈로그를 통해 주문하는 방식이다. 그 뒤 시어스(Sears)는 소매점을 대대적으로 열어서 성공적인 소매 유통회사가 되었다. 시어스는 1974년도에 당시 세계에서 가장 높은 108층 건물을 미국 시카고의 오대호가 내려다 보이는 곳에 세웠다. 그 후 이 회사는 2018년에 파산신청을 했다. 이 회사의 성장과 패망에 대해서 많은 언론에서는 온라인 유통기업인 아마존에 의해 망했다고 언급하면서 온라인 시장의 성장과 오프라인 시장의 패망을 점쳤다. 하지만 이 회사를 통해 온라인과 오프라인을 단순히 2분법으로 구분하기는 어렵다. 그 이유가 초기 우편판매 역시 요즘의 온라인 구매와 같이 비대면 원격판매의 특성이 더 크기 때문이다. 즉 시어즈의 쇠락을 단순히 온라인 오프라인의 이분법에 있는 것이 아니라고 보는 것이 맞다. 다만 온·오프라인이라는 특성을 조화롭게 활용하기는 쉽지 않다. 그래서 이 두 개 채널의 조화로운 결합에 더 큰 미래가 있는지도 모른다.

상품에 따라 온라인 판매가 불가능한 것이 있는가 하면, 온라인 판매가 훨씬 더 용이한 제품도 있다. 기존의 상품이 판매장소인 채널적 특성을 고려하고 만들었다면, 온·오프라인 판매에 대한 특성을 더욱 더 강하게 고려해야 한다. 점점 더 온라인적 특성이 강화되고 있으니 말이다.

(라) 프로모션(Promotion) - 광고, 홍보, 판촉, 인적판매 등

프로모션(Promotion) 활동은 광고(Advertising), 홍보(Publicity), 인적

판매(Personal Selling), 판매촉진(판촉, Sales Promotion) 등 4가지 서 브믹스 요소가[1] 있다. 프로모션(Promotion) 활동이란 영어인데, 한국 말로 하면 촉진 활동이다. 그런데 한국말의 프로모션(Promotion)과 판매촉진 활동(Sales Promotion)은 마케팅 개념의 위계(Hierarchy) 상 위치가 다르다. 즉 프로모션이 훨씬 큰 포괄적 의미다. 이에 대한 보 다 상세한 구분을 하기 표에서 설명한다.

4P 중 프로모션	프로모션 믹서 (Sub-Promotion)	사전적 의미	예시
프로모션 (촉진, promotion) 활동	광고 (Advertising)	매체(인터넷, TV, 신문, 잡지 등)에 유료(비용을 지불하고)로 원하는 문구를 정확하게 주문 하여 삽입 혹은 노출하여 목표 청중(소비자나 영업 관련자 등) 들에게 전달하는 것	"이자녹스, 피부 속 깊숙이" "LG, 순간의 선택이 10년 을 좌우한다"
	홍보 (Publicity)	매체(인터넷, TV, 신문, 잡지 등)에 유료/무료로 희망하는 내용을 명시적/암시적으로 삽 입 혹은 노출하여 목표 청중 (소비자나 영업 관련자 등)들 에게 전달하는 것	"LG생활건강~… 기능성 화장품 브랜드 '이 자녹스'는 연 매출 1000 억 원대 브랜드로(매경)"
	인적판매 (Personal Selling)	매장 등에서 최종 소비자와 만 남에서 일어나는 촉진 활동	"피부 다림질하는 것이라 고들 말해서 난리에요, 미 세주름까지 쫙쫙 펴 준다고 들 하네요(매장 종업원)" "오늘 선선한 남해 전복이 방금 들어왔습니다(식당 종 업원)
	판매촉진 (판촉, Sales Promotion)	매장 내에 홍보물을 게시하거 나, 구체적인 금액적인 보상을 제시하여 타상품들과 비교하여 효용을 강조하는 활동	"오늘 에센스 1병 구입 시 화장 솜 2팩 무료 증정"

---

1) 감수자 나종호 교수께서 특별히 일러주신 내용으로, 이론적으로나 실무적으로 매우 적합한 지적 이다. 저자가 촉진(Promotion) 활동과 판매촉진(판촉, Sales Promotion) 활동을 얼버무려 설명하였 다가 감수자의 지적을 바탕으로 보다 엄밀히 구분하였다.
* 감수자의 제언 : 4P 믹스 전략 중의 하나인 프로모션 전략(Promotion Strategy)은 통상 프로모션 전략 또는 커뮤니케이션 전략이라고 부르는데, 사람들은 흔히 프로모션은 판촉과 같은 개념으로 커뮤니케이션은 광고와 같은 개념으로 이해를 하는데 이것은 잘못된 것이다. 프로모션 전략에 다시 광고(Advertising), 판매촉진(판촉, Sales Promotion), 홍보(Publicity), 인적판매 (Personal Selling) 등 4가지 서브믹스 요소가 있다.

한편, 다수의 프로모션 활동은 광고 등을 통한 최종 소비자 대상 활동과 중간 유통망(채널, 즉 매장 및 매장에 물건을 공급하는 2차 대리점, 대리점에 공급하는 1차 대리점 등등) 대상 활동으로 구분하기도 한다. 때로는 직접보상 촉진 활동(가격할인, 혹은 다른 상품/작은 상품 끼워 주기 등)과 간접보상 촉진 활동(광고 및 홍보 노출)으로 구분하기도 한다.

혹은 온라인 촉진 활동과 오프라인 촉진 활동을 구분하기도 한다. 상품과 고객 특성에 따라 온라인 촉진 활동과 오프라인 촉진 활동 중에 중심을 둬야 할 내용이 달라진다. 최근에는 점점 더 많은 상품들이 온라인 판매를 염두에 두고 제조하고 있고, 이에 따라 온라인 촉진 활동도 더욱 더 큰 비중을 가지고 있다.

그리고 순수히 온라인으로만 촉진 활동을 하고, 거래하는 새로운 온라인 마켓이 생겨났고, 더욱 더 활발하게 성장하고 있다. 대표적인 것이 바로 인스타그램(Instagram)이다. 인스타그램에서 상품을 판매하는 사업가는 잠재고객들의 이목을 끌 수 있는 프로모션 전략에 따른 정책으로 광고홍보물의 제작 및 노출을 통해 상품을 홍보하고 즉석에서 구매 및 대금결제까지 일괄적으로 처리할 수 있게 한다. 그리고 유체물인 경우 택배 등으로 배달하며, 음악이나 제품과 같은 무체물인 경우 그 자리에서 사용이 가능하다.

여기서 프로모션 전략에 따른 정책이란 가격할인(판매촉진 활동)을 담은 홍보물(홍보 활동)이 동시에 진행된다. 수용자(소비자)의 눈에는 한 페이지의 광고물로 보일 수 있으나 그 속에는 프로모션 전략을 다 담고 있다. 마치 자동차 한 대에 수많은 부품들이 결합해 있는 것처럼 다양한 마케팅 노력이 담겨 있다.

모든 프로모션 전략의 목적과 방법, 효과 등은 각 상품과 시장의 특성 등에 따라 매우 상이하다. 어떤 경우에 어떤 것이 좋다는 골든 룰은 없다.

다만 현재까지 오프라인 기준으로 본다면 전체 마케팅 비용 중에서 프로모션 비용이 가장 많이 든다고 한다. 그래서 마케팅 비용이라고 말하면 주로 이 프로모션 비용을 지칭하기도 한다. 더구나 광고나 홍보를 하지 않거나 하지 못하는 제조업들도 많다. 그런데도 영업점 등을 통해 끊임없이 판매촉진 활동을 해야 하는데, 이 경우에 해당하는 제조업체 혹은 유통업체라면 '프로모션 비용 = 판촉비용'이다.

가장 많이 사용되는 휴대폰 통신사의 판촉 활동을 기준으로 위의 오프라인 판촉 활동을 구분해 보자.

구분		(예시)	목적	방법	효과
프로모션 대상	최종 소비자	·유명 모델 기용 TV 광고 ·가입비, 통신비 할인	·자사 상품 인지도/선호도 상승 ·경쟁사 압박 ·구매 시 선택 고려 ·판매사원의 설명 축소	·TV, 인터넷 유튜브 등에 광고 노출 ·매장 입구에 간판 설치	·중장기적 ·소비자들의 관심도 증대
	중간 유통망 (영업망)	·1일(시간별) 개통 목표 달성 시 추가 상여금 지급 ·판촉물 (예 : 가격할인권, 휴대용 충전기 등)	·본사 : 판매목표 달성 용이 ·유통망 : 일일 목표 명확 및 목표 달성 시 수익 상승(*실패 시 추가 근무)	·본사에서 직간접으로 목표 제공 ·판촉물 제공	·즉각적 ·휴대폰 개통 목표 달성 용이 ·영업수준 파악 용이
보상 방식	직접 보상	·가격할인 ·휴대폰 100대 판매 시 2대 무료 제공	·즉각적 매출 증대 ·구매 시점 관심도 제고	·매장 내에서 보상 ·영업망에 가격 할인	·가격 민감 계층에게 즉각적 효과 발생 ·영업망의 수익 강화
	간접 보상	·매체 광고(TV, 인터넷, 잡지, 신문, 입간판 등) ·홍보(유명 연예인 사용)	·중장기적 매출 증대 ·인지도/선호도 상승 ·구매 후 만족도 제고로 타인에게 추천 강화	·광고 홍보 실시 ·영업 목표 달성 대리점, 임직원에 대한 수상	·인지도/선호도 강화 ·자긍심 고취

한편 온라인 프로모션은 위와 같이 동일하게 단계적으로 일어날 수도 있고, 모든 것이 한 순간에 일어나 종합적이 될 수도 있다.

나. 기업과 부가가치, 마케팅과 브랜드

1) 조직 내에서 마케터(Marketer)가 하는 일

마케터는 마케팅을 한다. 시장을 바꾸는 마케팅을 하기 위해서 앞에서 제시한 4P 전략을 수립한다. 바로 경제적 목적을 달성하기 위한 것이다.

경영자가 해야 하는 일은 1) 조직원을 잘 관리해서 2) 고객이 좋아할 만한 좋은 상품을 확보하여 3) 고객에게 잘 판매해서 지속적으로 경제적 이윤을 남겨야 한다. 이때, 2)번과 3)번 즉 확보(생산, 혹은 구매, 개발을 포함하는 개념임)와 판매는 기업의 핵심 요소인데, 고객 및 시장 측면에서 생산할 상품을 구체화하고 이를 판매할 수 있도록 지원하는 것이 바로 마케터의 핵심 역할이다.

가) 사장(CEO)은 마케터인가 경영인인가?

기술 수준이 높고, 해결이 어려운 경우에는 상품개발 및 생산 부분이 중요하고, 기술적 수준이 평이하다면 파는 문제가 더 중요해진다.

애플사의 스티브 잡스를 경영인으로 볼 수도 있고 마케터로도 볼 수 있다. 그 이유는 스티브 잡스는 마케팅이라는 영역을 거의 완벽하게 이해하고 있었고, 추진할 자질이 있는 사람이었기 때문이다. 대부분 경영자는 판매에 어느 정도 이상의 능력을 갖추고 있지만, 스티브 잡스처럼 조직을 이끌어 나가면서 마케팅을 선도하는 마케터의 모습을 보여준 경우는 많지 않기 때문이다.

(1) 스티브 잡스는 고객에게 어떻게 다가갔는가?

우선 스티브 잡스의 경우는 고객이 좋아할 만한 상품개발에 매우 뛰어난 인물이라고 볼 수 있다. 물론 핵심 조직원 관리도 잘 했고, 고객의 니즈를 정확하게 파악해서 잘 판매하는 것도 사실이지만, 스티브 잡스는 기술적인 장점으로 상품을 개발한 것이 아니라, 소비자가 무엇을 원하는지 파악하고 소비자의 사용 중심적인 상품을 개발한 것이다.

당시 전 세계를 석권하고 있던 음악 듣기 전문 기계는 MP3의 원천 기술을 개발한 한국의 아이리버(I-river)였다.

전자상품의 종주국이라 불렸던 일본에서, 그것도 수도인 도쿄의 가장 번화가 중심지에 큰 단독 매장을 여는 등 최첨단 기술로 전 세계를 석권하고 있을 때였다. 아이리버가 개발한 휴대용 음악 기기가 외형적 디자인이나 기능적 측면에서 아이팟(I-Pod)이라는 상품보다 못하지 않았다. 오히려 기술과 기능 면에서 더 뛰어났다. 원천기술을 가지고 있었고, 최고의 음질을 고객의 다양한 니즈에 맞춰 구현할 수 있게 했다. 아이팟보다 메모리 용량도 더 크고, 심지어 음질도 더 나았다고 주장한다. 하지만 복잡하게 보여 사용하기 어려웠다.

한편 아이팟은 소비자에게 '디자인' 측면에서 큰 호응을 얻었으며, 특히 사진을 저장 활용하는 '기능', 즉 사진을 손가락 두 개로 확대하거나 축소하는 기능을 탑재해서 큰 반향을 불러일으켰다. 또한 손에 느끼는 감촉을 중시했다. 햅틱(haptic)이라는 감성적인 터치를 도입해서 친밀감을 높였고, 아이튠즈라는 온라인 음원에 쉽게 접근하여 클

릭 몇 번으로 구매를 가능하게 했다.

아이튠즈를 결합함으로써 한 개의 훌륭한 MP3 음악 감상용 기계를 파는 아이리버에 비해, 아이팟은 유행하는 최신 음악의 신규 구매가 매우 용이한 거대한 음악 생태계와 따뜻한 감성적 요소들(외형 디자인, 그래픽 인터페이스의 직관성, 햅틱적 오락성 등)을 제공했다. 아이리버는 기계를 판매했으나, 아이팟은 생태계를 판매한 것이다. 게임의 법칙이 완전히 다르다.

2008~9년도까지만 해도, 중국산 상품은 성능적인 측면에서 너무나 뒤떨어져 있다고 느낄 때였다. 게다가 휴대폰 시장에서는 절대 강자였던 노키아와 모토로라, 삼성, LG가 세계를 휩쓸고 있을 때였다. 그런데도 아이팟은 중국에서 만들었다. 그리고 아이팟에 통신 기능을 넣은 아이폰을 만들었다. 아이폰 출시 초기에는 통신기술의 한계로 인해 통화 불량이 많았다.

당시만 해도 휴대폰은 기본 기능인 통화품질, 상품을 설명하고 고객을 확보하는 영업망, 가전제품의 특성인 오작동 및 고장이 났을 경우에 고쳐 줄 수 있는 A/S 망, 원산지에 대한 이미지 등은 매우 중요한 요소였다.

예를 들어 통화품질은 휴대폰의 생명과 같다. 휴대폰의 가장 큰 장점이 언제 어디서나 통화를 할 수 있다는 것인데, 통화가 잘 안된다는 것은 그 핵심기능을 포기한다는 것과 같다. 즉 장난감이나 기호품으로밖에 볼 수가 없다. 1990년대 우리나라에 휴대폰이 보급될 때 주요 브랜드 명칭만 보더라도 휴대폰의 통화품질이 얼마나 핵심 기능이었는지 알 수 있다. Anycall(언제나 걸 수 있다는 의미), 화통 (전화가 잘 통한다는 의미) 등이 당시의 휴대폰 브랜드 이름이었다.

한국의 백색가전 시장에 월풀 등의 외국회사가 들어오자 그들에 비해 유일한 강점으로 판단된 A/S 망을 대대적으로 확충했다. 그리고 A/S의 중요성을 각인시켰다. 전자제품 관련 A/S의 중요성 부각으로 해당 시장을 지킨 사례는 우리나라만 있었던 것이 아니다. 한국의 가전제품 기업들은 이런 A/S 확충과 이에 대한 엄청난 투자로 한국 시장을 지킬 수 있었다. 즉 한국의 소비자를 "A/S가 빨리 안되는 상품은 사용하지 마세요!"라고 교육을 시켜놨다.

이동통신 역시 가장 문제가 되는 부분이 바로 A/S이다. 판매 후에 발생할 수 있는 상품 불량에 대한 유지 보수 부분이 매우 중요하다. '빠른 A/S'라는 강력한 마케팅 포인트로 잘 훈련해 놓은 한국 시장을 브랜드력과 '불량 상품은 리퍼 상품제공'이라는 방식으로 극복했다. 리퍼 상품(Refurbished Products)이란 기존에 오류가 있어 수리한 상품을 말한다.

다른 나라에 진입할 때 '당시로써는 꼭 필요하다고 생각한 많은 기초 비용'을 획기적으로 줄인 것이다. 보통 A/S 센터 하나를 유지 관리하는 데 엄청난 비용이 수반된다. 매장을 확보해야 하고, 인테리어, 직원 채용, 상품 수리 교육 실시 등등 초기에 많은 돈이 들어갈 수밖에 없다. 또한 상품이 바뀔 때마다 상품의 수리에 대한 추가 교육을 실시해야 한다. 더구나 각종 부품을 다 갖추고 있어야 한다. 어떤 상품의 어떤 부위가 고장 나서 올지 모르기 때문에 '적정 수준의 재고'를 항상 가지고 있어야 한다. 여기서 재고를 너무 많이 가져다 놓으면 뒷날 아무 쓸모 없는 폐기품이 될 수도 있고, 너무 적게 가져다 놓으면 수리가 늦어지게 되어 고객 불만 요인이 된다. A/S 센터 유지에 적정한 부품별 재고의 수준을 안다는 것은 오랜 경험에서 나오는 축적된 자료로서 해야 한다. 몇 달 혹은 몇 년으로 따라갈 수 없는 분야이며, 특히 해외에서 효과적으로 관리한다는 것은 매우 많은 노력과 투자와 시간이 수반되어야 한다. 각 나라마다 날씨, 문화와 종교, 생활습관, 소득수준 등이 달라 고장 나는 부품이 다 다르다. 애플은 이런 비용을 획기적으로 줄인 것이다.

중국산이라는 부정적인 생산지 이미지를 청바지에 검은색 티셔츠를 입고 나타나 미국 서부 실리콘 밸리의 제조사 이미지를 덧붙였다. 또한 돈이 많이 드는 광고, 판매 및 서비스(A/S) 망 확충, 기존의 방식을 과감히 지양하고 오로지 구전(word of mouth), 브랜드력으로만 승부했다.

그런 모든 약점-휴대폰 통화품질, 영업망, A/S 망, 중국산 제품-을 극복한 애플사의 판매 전략은 정말 독보적인 것이었다. 아이폰은 아이리버처럼 통신 기계인 휴대폰을 만들어 파는 LG, 삼성, 노키아와는 달랐다. 아이폰은 위에 언급한 4가지 치명적인 약점을 쉽게 극복했다. 그 이유는 이미 아이폰은 휴대용 단말기를 파는 회사가 아니었다. 아이리버의 MP3용 음악 감상용 기계나 전화통화를 위한 휴대폰 기계를 파는 회사와는 완전히 게임의 법칙이 달랐던 것이다. 즉 애플은 아이팟과 아이폰을 아이튠즈라는 허브를 통해 활용할 수 있는 온라인 생태계를 팔았고, 클라우드 서비스를 이용해 사진과 음악용 데이터의 저장소를 팔았다. 이 저장소는 소비자들이 다른 회사 상품으로 갈아타기 어렵게 한 인질 기능까지 했다. 그리고 심플하고 완성도 높은 상품의 외관 디자인을 통해 부가적 가치(Added Value)를 제공해서 고가전략이 유지, 강화될 수 있도록 했다.

애플사는 단순히 상품(Product)만을 팔지 않았다. 왜 그랬을까? 그가 보기에 엄청난 돈이 몰릴 시장으로 휴대폰을 상상했었을 것이다. 그에게 휴대폰이란 이동용 개인용 컴퓨터(PC)의 결정체로 보였을 것이다. 20대에 애플 컴퓨터라는 개인용 컴퓨터(PC)를 만들어 세상을 놀라게 했고, 이후에 한때 경영상의 미숙함으로 스스로 만든 회사에서 나가게 되는 등 부침을 거듭했던 그에게 휴대폰 시장은 새로운 황금으로 가득 찬 기회의 땅으로 보였을 것이다. 그가 휴대폰 시장을 목표로 삼았던 가장 큰 이유는 스스로가 개인용 컴퓨터의 제작에 일가견이 있었을 뿐만 아니라, 일반적인 공산품, 특히 전자제품의 기술 성숙도에 따른 정확한 이해에서 출발했다고 본다. 모든 상공업 제품은 일정 시간이 경과하게 되면 기본적인 기술 수준은 비슷하게 된다. 하지만 각 상품에서 느끼는 인지기술 수준이나 편익(benefit, 편리함이나 이익이 되는 점)은 다르고, 이에 따른 지불가격도 엄청난 차이를 보인다. 이러한 흐름을 이해한 애플은 출시 당시부터 자사 휴대폰 기계의 기술적 완성도보다는 서비스나 이미지, 사용성에 더욱 초점을 맞췄다. 그러면서 기계의 성능을 높여 나갔다. 이런 모든 아이디어들을 종합적으로 관리하고 조정한 것이 바로 진정한 마케터이다.

정몽구 회장은 어떻게 현대차를 글로벌 회사로 만들었는가?

한편 현대차 그룹의 정몽구 회장의 경우도 매우 뛰어난 마케터라고 볼 수 있다. 물론 선대에 좋은 사업환경으로 우수한 상품력을 갖춘 것이 뒷받침되겠지만, 1999년도에 미국에서 실시한 "10년, 10만 마일 보증수리"는 마케팅 역사에 길이 남을 획기적인 대 소비자 마케팅 전략의 하나라고 볼 수 있다.

현대차는 당시 품질력에 비해 저평가되어 있다고 판단한 정 회장의 결단에 의해 획기적인 성장을 할 수 있었다. 많은 사람들이 현대차의 모험에 대해 부정적이었고, 몇 년 뒤에 보증수리 때문에 망할 것이라는 말들이 나왔다. 정 회장이 직접 "10년, 10만 마일 보증수리"라는 마케팅 아이디어를 도출하지 않았어도, 그 정도의 큰 결단은 오너 회장의 전폭적인 결단과 지원 없이 수행할 수 없다고 본다. 즉 정 회장의 큰 마케팅적 결단은 현대차를 글로벌 회사로 만드는 데 결정적인 역할을 한 셈이다.

(2) 애플과 현대차의 성공에서 알 수 있는 것은?

이 두 개의 사례는 매우 성공적인 마케팅에 관련된 수십, 수백 가지의 해설을 할 수도 있다. 다만 여기서는 브랜드마케팅 관점에서 두 개의 시사점을 살펴본다.

하나는 시장의 판을 바꾸는 마케팅력(Market + Ing power)은 특히 엄청난 자금 투자가 선결되고, 그에 따른 기술력과 제품개발 계획이 잘 짜여 있어야 하며, 각 핵심위치에 있는 사람이 사활을 걸고 움직여야 한다.

또 하나는 그렇게 사활을 걸고 쌓으려고 하는 것이 브랜드이며, 그 브랜드는 중대한 발전적 도전을 통해서 점프를 한다는 것이다.

애플이 휴대용 음악 저장 장치에서 휴대용 사진 및 음악 저장 장치로 진화할 때만 해도 기존의 제품과 기능 면에서는 큰 차이가 없었거나 오히려 못했다. 하지만 자신의 강점인 브랜드력과 심플한 디자인과 사용성으로 경쟁사들을 순식간 압도해 버렸다.

그리고 현대차의 경우 제품에 대한 강한 신뢰를 심어줌으로써 미국 시장에서의 진입을 촉진할 수 있었다 미국 소비자들은 자동차를 구매할 때 대부분 할부로 구매하는데, 할부로 샀으니 제품에 문제가 있으면 더 이상 할부금을 내지 않아도 된다는 식으로 고객 커뮤니케이션을 했기 때문에 더욱 쉽게 다가갈 수 있었다. 아마 현대차의 가성비 좋은 품질 이미지는 향후 전기 자동차(Electric Vehicle)로 진입할 때 매우 큰 도움이 될 것으로 본다.

(3) 상품의 가치는 어디서 창출되는가?

위 두 개의 사례는 매우 성공적인 마케팅에 관련된 두 개의 사항을 보는 것이다. 물론 원유, 철광석, 구리, 고무 등과 같은 원자재의 시장이나, 화학, 기계, 철강 같은 생산재 산업 시장이 매우 크긴 하지만 소비재 시장도 절대 무시할 수 없다. 소비재 시장은 부가가치가 높고, 안정적이다. 예를 들면 원유가격의 경우 2008년도에 배럴당 140달러를 호가하다가, 2009년 미국발 금융위기 때 50달러 선으로 폭락했다. 그러다가 곧 100달러 선으로 회복했다가 2015년도 이후 또 50달러 전후를 기록했다.

원유에서 뽑아낸 휘발유나 경유 등은 비교적 많은 영향을 받았지만, 원유를 활용한 다른 생산재 상품들은 영향을 덜 받는다. 핵심 원자재로 구분되지만 전혀 영향을 받지 않는다. 예를 들어 옷을 만드는 화학섬유 역시 원유에서 나온 상품이고, 그 화학섬유로 짠 옷, 운동화, 가방 등이 원유가격에 영향을 받아 가격이 하락한 적이 있는가? 혹은 화장품의 용기는 거의 석유 화학 상품을 기반으로 만들어진다. 원유가격이 떨어진다고 해서 화장품의 가격에 변동이 있는가? 즉 원유가격이 하락해서 화장품 용기를 만드는 원자재 값이 하락했다고 해서 소비자에게 판매하는 화장품의 가격에 변동이 있는가? 전혀 변동이 없다. 원유가격의 하락이 산업 전체에 영향을 미치고, 불경기를 초래하여 화장품의 판매가 원활하지 않아서 화장품 관련 회사들이 가격을 인하해서 판매하려는 목적이 아니라면 가격이 하락할 이유가 없다.

왜 하락하지 않는가? 바로 각 단계별 부가가치 때문이다. 즉 전체 판매가격에서 해당 상품의 비중이 매우 낮기 때문이다. 해당 상품의 가격에서 원가 요인을 낮추는 것이 부가가치(Value Added, 附加價値)를 높이는 것이다.

(4) 우량 기업일수록 부가가치를 높이는 데 주력을 한다.

부가적 가치(Added Value)는 VAT로 지칭되기도 하는 부가가치세 (Value Added Tax, 附加價值稅)와 혼동을 일으키기도 하는데 부가적 가치란, 특정 상품의 최종 판매가와 특정 상품을 제조하는 데 사용된 직접 및 간접 투입물 간의 차이로 정의할 수도 있다. 또한 그것은 소비자의 눈으로 상품의 인식된 가치(가치 제안 : the value proposition)를 높이는 과정이라고도 할 수 있다.

즉, '부가적 가치 = 상품 또는 서비스가 판매되는 가격 - 상품원가'이다.

다음 장에 디자인과 브랜드가 더욱 중요해지는 수많은 상품들 중에서 우리가 늘 접하는 상품들을 살펴보자.

2) 브랜드가 중요한 산업에서의 가격과 품질에 대한 예시

모든 상품에 브랜드가 있다. 옷, 가방, 신발, 호텔, 병원, 정치인, 정당 등 우리가 알고 있는 거의 모든 것은 브랜드(이름)가 있다. 스스로 세계의 수도라는 슬로건으로 사람들의 방문을 유도하는 로마(Rome The capital of the world)와 같은 도시뿐만 아니라 자동차 바퀴, 자동차 바퀴 안에 들어가는 베어링에 대해서도 브랜드를 붙인다. 중요한 것은 같은 제품이라고 하더라도 어떤 식으로 이름(브랜드)을 붙이느냐에 따라 가격이 결정된다는 것이다.

다만 여기서 다루고자 하는 것은 브랜드(로고 및 상징을 포함하는)가 붙었을 때 가격과 붙어 있지 않을 때의 가격이 크게 차이가 나는 경우를 주로 지칭한다. 예들 들어 같은 고대도시라는 반열에서 평가를 하더라도 앞에서 언급한 로마라는 도시와 대가야의 중심 도시였던 경북 성주라는 도시에 대해서 제3국의 관광객이라면 누구나 명확한 선호의 차이를 보일 것이다. 즉 현존하는 고대 건축물의 숫자와 규모, 보존수준 등 객관적인 차이 명확할 것이다. 하지만 운동화나 화장품 같은 경우에는 개인적 기호에 따른 선호의 차이가 클 지는 모르지만 품질의 차이가 가격의 차이처럼 명확하지 않은 경우를 가리킨다.

가) 스포츠 운동화

보통 시중에서 구매하는 고급 유명 스포츠화의 경우 완성품 납품단가가 1켤레당 15달러(16,000원~17,000원, 2018년 기준) 내외인데 반해 최종 소비자에게 받는 판매가격은 11~12만 원인 100달러 전후이다. 여기서 납품단가란 소위 하청업체에서 원재료의 구입비, 노무비용, 금융비용, 상품 디자인 비용, 설계비용, 물류비용, 포장비용 등을 다 포함한 뒤에 기타 관리비용 및 내부 마진 확보 이후의 금액이다. 한편 고급 스포츠와 소재를 거의 같은 수준으로 한 무명의 스포츠화는 40~50달러(5~6만 원)를 받는다. 이때 들어가는 노무비(제조 공장의 인건비 등)는 거의 동일하다.

대부분의 유사한 신발의 제조원가는 비슷하다. 하지만 그 판매금액은 브랜드에 따라서 매우 큰 차이를 보인다. 심지어 거의 비슷한 원재료를 사용하고도, 유사한 곳에서 판매하더라도 소비자 가격은 2~3배 차이를 보인다.

만일 5만 원짜리와 12만 원짜리가 동일한 성능의 제품(동일한 재료로, 동일 회사에서, 동일 직원들이 만든다)이라고 치자. 소비자 가격 기준 약 2.2배의 차이다. 우리나라뿐만 아니라 일반적인 제조 기업의 평균 영업이익률이 3%~5% 정도 된다. 후하게 평해서 5만 원짜리를 팔아서 5% 남는다면, 한 켤레당 2,500원이 남는다. 그런데 강력한 브랜드가 있어서 한 켤레에 12만 원을 받는 것이라면 72,500원 남으며 (물론 그러기 위해서는 엄청난 액수의 브랜드 관리비용이 들어가겠지만) 비율로는 29배를 더 남기는 것이다. 이것은 과장이 아닌 현실이다. 그렇게 돈을 벌기 때문에 슈퍼 모델을 기용해서 광고를 하고, 우수한 임직원들을 확보하기 위해 많은 급여를 준다.

나) 화장품

부가가치의 비중은 산업이 속한 군마다 다른데, 특히 화장품의 경우는 그 정도가 신발 등 패션 브랜드에 비해 더 심한 편이다. 적정 판매량을 갖춘 화장품 내용물의 경우 용기 가격 등을 제외한 순수한 내용물의 원가는 소비자 가격에 비하면 허망할 경우도 많다.

화장품 가격의 결정이야 나라마다, 제조회사마다 사정은 많이 다르겠지만 대부분의 선진국 백화점 등에서 판매되는 고가의 화장품 중 원가 비중은 아주 낮은 편이다. 세계적인 화장품 전시회의 하나인 이탈리아 볼로냐에서 개최되는 코스모프로프(Cosmoprof)에서 한 원료를 공급하는 제조사 사장을 만났다. 그는 "화장품의 내용물 원가가 현재에서 1%로만 된다면 나는 몇 배의 부자가 될 수 있을 것이다!"라고 하면서 자신의 회사 내용물이 훌륭하나 마케팅 능력이 없음을 한탄했다. 그의 회사는 유럽의 많은 화장품 회사들에 핵심 원료를 공급한다고 말했다.

그래서 나는 '당신이 사용하는 그 휴대폰은 사실 돌덩어리에서 나왔어요'라고 말했고, 그 역시 '인간의 몸을 구성하는 화합물의 가격 만으로 인간의 육체 가격을 매긴다면 1달러도 되지 않는다'[2]라고 말하면서, 마케팅이란 바로 그 1달러로 되지 않는 화합물에 영혼을 집어넣어 인간을 만드는 것과 같은 고도의 활동이라는 데 동의했다. 그리고 난 뒤 우리는 각자가 잘하는 것에 집중하는 것이 좋다는 결론을 내렸다.

같은 회사에서 생산되는 화장품이라고 하더라도 브랜드에 따라 가격이 몇 배 이상 차이가 날 수가 있는데, 그렇다고 하더라도 내용물의 가격이 그 비중만큼 큰 차이를 보이지 않은 경우도 많다.

---

2) 이때 칼슘, 칼륨, 나트륨, 마그네슘 등등과 같은 화합물의 무게를 기준으로 시장가치를 환산한 뉴스를 인용했다

제2부

마케터(Marketer), 좋은 마케터가 되는 길 DNA

가. 좋은 마케터란?

좋은 마케터란 누구를, 어떤 자질을 가진 사람을 말하는가? 이를 정의하기란 쉽지 않다. 역사적으로 위대한 사람들, 혹은 비범한 사람들은 대부분 공감을 할 수 있다. 하지만 좋은 사람들이 누구인지는 공감하기가 쉽지 않을 수 있다. 한편 위대한 마케터는 누구나 공감할 수 있다. 예를 들자면 정몽구, 빌 게이츠, 스티브 잡스와 같은 사람들이다. 하지만 좋은 마케터는 누구인가? 이 책에서는 위대한 마케터는 아니지만 보통 이상은 되는, 위대할 수도 있는, 하지만 적어도 마케터가 아니라는 소리를 듣거나, 혹은 중간 이하의 마케터라는 소리를 듣지 않는 방법을 기술한 것이다. 만일 마케터가 마케팅 DNA가 무엇인지를 모른다면 즉시 그의 말을 무시해도 좋다. 단 아래의 내용을 설명해 준 다음에도 모른다면 말이다.

나. 핵심 역량 3가지 : D.N.A.

〈좋은 마케터가 되기 위한 3가지 역량〉

· D : Data and Research 조사분석
· N : New Product Introduction(NPI) 신규 상품 확보 및 개발
· A : Advertising 광고

1) 조사 분석(Data and Research)

조사와 분석은 동일한 의미로 쓰일 때도 있고, 합성어로 쓰일 때도 있지만 엄연히 매우 다른 영역이다. 다만 두 개의 영역의 결합으로 보다 양질의 판단을 할 수 있는 자료를 얻을 수 있다.

가) 조사의 종류는?

먼저 과학적 조사(Data based on scientific Research)를 하는 능력이다. 즉 현상을 파악하고, 파악한 현상을 다루고자 하는 사업과 연관하여 해석하는 능력이다. 이 과학적 조사능력은 크게 현상을 파악하는 능력과 그 현상을 전달하는 능력으로 구분된다.

그리고 조사를 여러 가지 방식으로 진행할 수 있다. 개인적으로 할 수도 있고, 누군가에게 의뢰해서 할 수도 있고, 피의뢰인과 함께 진행

할 수도 있다.

그리고 조사의 형태는 흔히들 사회과학에서 언급하는 다양한 방법을 다 동원할 수 있다. 가장 많이 사용되는 것이 설문조사 회사(Survey Research Company) 혹은 경영 컨설팅회사를 통해서 파악하는 방법인데, 주로 설문조사(Survey), 관찰(Observation), 참여관찰(Participant Observation), 심층 인터뷰(In-depth Interview), 실험실 조사(Experimental Design) 등등 아주 다양한 방법이 동원된다.

나) 분석의 종류는?

한편 분석(Analysis) 능력은 조사능력과 또 다른 능력이 필요하다. 조사란 특정 사실을 알기 위해 모아놓은 많은 숫자 등으로 구성된 자료이고, 분석이란 그 자료를 가지고 가설을 설정하고 그 가설에 맞게 해석하는 능력이다. 그리고 그 가설을 보다 더 정확하게 파악해서 현상을 파악하거나, 미래를 예측하는 데 활용된다.

예를 들면 각 국가별로 생산가능인구, 혹은 경제활동가능인구라는 것이 있다. 그것을 정확하게 파악하는 것이 조사능력이며, 분석능력이란, 전체인구 대비 생산가능인구 비중을 바탕으로 그 국가의 미래 경제 활력을 추론하는 능력이다. 그리고 더 나아가 각 국가의 미래의 경제활력과 인구구조의 변화에 따른 적절한 사업을 추진한다면 그것은 매우 훌륭한 분석이다.

마케팅에 관련해서 조사분석은 ①명확한 가설, ②가설을 뒷받침할 수 있는 객관적인 자료의 확보와 ③가설에 따른 과학적이고 정확한 분석, ④분석에 따른 실행 가능성(implementation, 시사점)을 잘 도출하는 과정을 따른다. 과거에는 이런 조사 분석력은 대기업, 특히 시장지배적인 대기업만이 가질 수 있는 비장의 카드였다. 그 이유는 회사 내의 내부 자료와 풍부한 자금력을 바탕으로 하는 설문조사 등 조사회사 및 경영컨설팅사를 잘 활용한 결과였다.

예를 들자면 KT&G의 경우 한국의 각 지역별로 담배 판매량을 확보하고 있어서 각 지역별 어떤 담배가 많이 팔리는지 정확하게 알 수 있다. 그리고 그 자료를 바탕으로 다양한 마케팅 활동을 펼칠 수 있다. 예를 들면 경상남도 지역의 경우 에세와 같은 얇은 담배를 선호하는 경향이 강하며, 한 달에 몇 박스가 팔리는지를 거의 정확하게 예측할 수 있다. 따라서 이 회사는 이런 물류를 예측하지 못하는 회사에 비해 보다 싼 가격에 물류 시스템을 확보할 수가 있을 것이다. 또 에세와 비슷한 형태의 얇은 신제품을 개발할 때, 경상남도 지역에서 테스트를 해서 선호도를 파악함으로써 더 정확한 예측을 할 수 있을 것이다.

이런 소매시장의 자료가 다른 기업에도 필요할 것이며, 각종 식음료, 생활용품 등의 자료가 필요할 것으로 보고, 관련 소매점 자료를 모아서 파는 회사가 있는데, 닐슨(Nielsen)이라는 회사이다. 물론 다른 자료를 모아서 파는 회사들도 많지만 소매점 자료에 대해서는 닐슨의 자료가 가장 유명하다. 기업들은 이 자료를 통해서 각 지역별,

계절별 상품의 판매 변화를 예측할 수 있다.

한편, 네이버나 구글, 아마존, 알리바바, G마켓 등과 같은 온라인 회사 혹은 온라인 유통회사 등도 온라인에서의 소비자 구매 행동을 매우 정확하게 파악하고 있다.

다) 소위 과학적 조사분석을 꼭 해야 하나?

현상파악과 목표 설정을 위해 대부분의 성공한 창업자의 경우에는 직관과 경험에 의한 방법을 많이 활용한다. 그 직관은 그냥 추측이 아닌 수없이 많은 고민, 축적된 경험을 바탕으로 한 뒤에 결정하는(Educated guessing, Educated Intuition) 것이다. 시장에서 성공하기 위해서는 둘 다 필요하지만, 내부분 오래되고 안정된 글로벌 소식에서는 과학적인 조사분석을 더욱 중요시 여긴다.

그 이유는 특별히 뛰어난 사람의 경우에는 직관이 더 뛰어나고 정확할 수가 있지만, 보통 사람 혹은 약간 뛰어난 사람에게는 과학적 조사가 훨씬 효과적이다. 즉 과학적 기법으로 추진한 신상품 개발 혹은 신규 사업의 실패확률이 직관과 경험에 의지한 실패확률보다 현저히 낮다.

신상품의 성공확률은 어떻게 정의하느냐에 따라 다르겠지만, 국내 모 대기업 내부 평가에 의하면 3% 수준이라고 하며, 외국 유명 다국적 컨설팅회사는 1%대에 불과하다고 주장하는 경우도 있고, 어떤 곳은 5% 수준이라고 하며, 어떤 곳은 10%라고 주장하는 경우도 있다. 이 수치들은 보통 전체 평균을 내기 어렵기 때문에 특정 회사들의 내외부 자료를 기준으로 한다. 예를 들자면 생활소비재 회사 P&G 혹은 유니레버 등 생활소비재 회사들의 신상품 성공확률, 혹은 식음료 회사인 펩시코(펩시콜라를 제조하는 회사), 네슬레의 신상품 성공확률 등이다. 이러한 상품군의 차이와 더불어 신상품의 정의와 성공 및 실패라는 기준이 다르기 때문에 그 차이가 더 커진다. 기존 상품의 리뉴얼(코카콜라 캔의 디자인 변경)이나, 확장(Extension : 예 신라면과 신라면 블랙)도 신상품이라고 볼 때가 있고, 신상품이 아니라고 할 때도 있다. 이렇게 신상품이라는 정의와 성공의 기준에 차이가 있음에도 불구하고, 성공확률은 높지 않다는 것이 공통점이다.

대기업의 신상품 성공확률이 5% 수준이라고 본다면, 중소기업의 확률은 1%도 안 되는 낮은 수준일 것이며, 개인적으로 개발한 신상품의 성공확률은 훨씬 더 낮을 것이다. 반대로 이야기하자면 대기업의 성공확률이 엄청나게 높은 셈인데 그 이유는, 회사의 오래된 경륜에서 나온 업계 동향에 대한 노하우와 유통망, 기업의 브랜드적 자산, 신상품의 아이디어의 수준, 광고선전 활동 등등 다른 유·무형적인 보조수단이 매우 많다는 것이다.

한편, 한 회사 내에서 신상품 성공과 실패는 기업 내 상수 요인인 해당 기업의 업력에 기인한 노하우와 유통망, 브랜드적 자산 등이 아닌, 해당 신상품의 아이디어 수준과 광고선전 활동이라는 변수에 기인한다.

그 어떤 비교를 해도 중소기업, 그리고 일반 개인의 성공률이 현저히 낮다. 다만 이때 직관에 따른 상품개발이 잘못되었다는 것이 아니다. 직관에 의한 것이 더 뛰어날 수도 있다는 것은 여러 책에서도 밝혀졌다. 말콤 글래드웰(Malcolm Gladwell)의 블링크(Blink)에 일반인들의 인식오류 등으로 인해 설문조사나 표적집단심층인터뷰(FGI : Focus Group Interview) 등과 같은 객관적인 조사의 오류 가능성을 여러 번 지적한 바 있다. 실제로 성공한 대부분의 창업자들은 직관에 의해서 상품을 개발했지, 현대 과학적 사고의 산물인 분석적, 논리적, 통합적 사고를 활용한 것이 아닌 경우가 많다.

다만 이때 위대한 창업자의 큰 성공은 1) 개인적인 역량에 따른 결과 2) 운에 의한 결과가 뒤섞여 있거나 소위 인지하거나 계량화할 수 없는 소위 운(運, Luck)에 따른 것도 많다.

2000년대 초반 한국에서 국회의원을 지내기도 했던 미국 남부의 명문대 경제학과 교수였던 C 교수는 어느 날 미국 투자회사의 인터뷰 요청을 받은 적이 있다. 미국 투자회사는 C 교수에게 C 교수의 친구인 P 씨에 대해서 인터뷰하고 싶어 했다. 당시 P 씨는 증권 관련 정보를 다루는 온라인회사를 가지고 있었고, 미국 투자회사로부터 대규모 투자를 유치하고 싶어 했다. 미국 투자회사는 P 씨가 자신의 지인으로 이름을 올린 추천인 명부에 있는 미국 남부 명문대 교수를 정중하고도 심도 깊은 인터뷰를 했다. 사실 국제적 관례로 볼 때, 이 인터뷰는 매우 어려운 일이다. 친구에 대해서 좋게 이야기해 줘야 하지만, 그렇다고 그간 쌓은 자신의 고귀한 명예를 더럽힐 수도 있는 거짓을 말해도 안 되는 순간이다.

문) 투자사 : "P 씨의 성공은 무엇에 기인한다고 보십니까? 우리가
  분석하기에는 운에 의한 요소가 매우 큽니다."

답) C 교수 : "네, 당신의 의견에 동의합니다. 저 역시 경제학자로
  서 해당 내용을 잘 살펴보면 운에 의한 성공 요인이 적다고
  볼 수 없다고 생각합니다. 제 생각에 그런 운은 모든 사람에
  게 오는 것이 아닙니다. 그리고 운이 온 모든 사람이 그처럼
  이렇게 성공하는 것이 아닙니다. 그는 적어도 자신에게 온 운
  을 움켜잡을 수 있는 기초 준비가 되어있었던 사람이라고 확
  신합니다."

  C 교수의 답은 참으로 명언이라고 생각한다. 당시 30대 중반의 필
자에게, 특히 현대적 과학의 산물이자 모든 것이 수학적으로, 논리적
으로 논증 가능한 엄밀성에 함몰되어 있던 필자에겐 매우 황당한 충
격이었다. 삶에 '운'이라는 비논리적인 것이 존재한다니! 논리의 대명
사인 수학을 전공한 계량경제학자가 그것도 대학자로 소문난 분께서
'운'이라는 단어를 사용하다니!

  그 뒤에 사업에 대해서 더 깊이 이해하게 되면서부터 C 교수의
대답이 P에게만 해당하는 것이 아닌, 많은 사람에게 해당하며, 사업
에도 역시 적용된다는 것을 이해하게 되었다.

시간이 지나면서 실제로 운이라는 것이 있으며, 인간의 짧은 지적 수준으로는 이해하지 못하는 뭔가가 있다는 것은 사실이다. 그것은 통제 불가능 요소(Uncontrollable variable)이다. 예를 들면 지진의 발생 자체를 현재 인간의 힘으로 통제한다는 것은 불가능한 일이다. 하지만 지진에 따른 위협을 벗어나는 방법에는 2가지가 있다. 하나는 과학적 방법에 따라 사전에 내진설계를 한 안전한 건축물에 있는 것이고, 다른 하나는 해당 지역을 벗어나 있는 것이다. 후자의 경우를 운이라고 본다. 이 운은 대부분의 사람–정상적인 건강과 정상적인 수명을 유지한다면–에게 균등하게 찾아온다는 것이다. 언제 오느냐의 차이가 있을 뿐이다. 사업에 있어서도 마찬가지다. 해당 사업과 상품에 적절한 운이 있다. 다만 결정적인 차이는 운이 왔을 때 그것을 잡을 수 있느냐는 것은 완전히 다른 이야기다. 자신과 사업에 온 운을 제대로 잡기 위해서는 기초 준비가 필요하다. 그 기초 준비란 바로 과학적이고 논리적이면서 엄밀한 분석을 바탕에 둔 끊임없는 노력이다. 기초 준비가 없으면 운도 소용이 없게 된다.

라) 어떤 사항을, 어떤 방법으로 조사해야 하나?

사업이라는 것 자제가 기존에 다양한 방법에 의해 많이 계량화되어 있다 하더라도, 수식화하여 측정할 수 있는 범위가 제한되어 있다. 이 말은 아무리 뛰어난 현대적 방법론을 다 동원하더라도 성공을 보장하기 어렵다는 뜻이다. 다만 앞에서도 언급한 바와 같이 과학적 접근에 의한 방법론은 성공확률을 확실히 높여 주는 것은 사실이다. 이는 수없이 많은 사례에서도 언급된다.

마케팅이나 사업에 있어 직관을 통한 성취를 무시하거나 폄하하는 것은 위험하다. 다만 직관은 매우 잘 훈련된 일부 전문가들이 가지고 있는 것이며, 때로는 타고난 것일 수도 있다. 그 직관에 의한 성취를 보편화하기는 어려우며, 가장 중요한 것은 예측이나 그 성과의 평가 자체가 불가능하다는 것이다.

많은 경영 성공사례 등에서 보면 직관을 중요하게 다루는 경우가 많다. 말콤 글래드웰(Malcolm Gladwell)의 블링크(Blink)에서 감각과 통찰을 주의 깊게 다뤘다. 그는 현대 사회에서 객관적인 조사라는 것이 얼마나 형편없는 것인지, 잘못 적용된 과학이라는 것이 얼마나 엉터리 결과를 가져오는지 잘 지적했다. 이런 유의 많은 책들은 기존의 객관성이라는 개념과 과학적 분석 방법을 중요시한 현대적 마케팅 방법론만이 옳은가에 대한 거대한 담론을 제시한 것은 맞다. 하지만 몇 권의 책으로는 지난 수백 년간 수천만 명의 과학자들이 협업으로 이룩한 현대 과학의 과학적 분석 방법론이 이룩한 성취를 가볍게 뒤집을 수는 없는 일이다.

다만 과학적 조사기법을 도입했다고 하거나, 해석을 잘못하거나, 혹은 적용을 잘못하거나, 절차나 방법적으로 잘못된 조사를 한다는 것은 차라리 안 하는 것보다 못하다. 적군과 싸울 때 잘못된 정보 혹은 적이 퍼뜨린 거짓 정보에 현혹이 되어 행동하는 것과 같이 매우 위험할 수가 있다. 어설픈 과학적 접근보다는 차라리 경험과 직관에 의한 것이 훨씬 안전할 수가 있다.

이에 대해서 필자의 은사님이신 조종혁 교수님께서 해 주신 말이 있다. 소위 칸트(1724년~1804년)의 '아 프리오리즘(A Priorism)'에 대해서 언급하신 부분이다.

> "아 프리오리는 미국에서 커뮤니케이션학 분야의 학자들이 지난 수십 년 동안 즐겨 쓴 말이기도 한데, 이들에게 의미하는 것은 연구자의 어떤 명제가 경험실증주의적 검증을 거치지 않았지만, 직관적으로 너무나 자명하여 실험이나 측정 없이 그냥 제시할 수 있을 때 사용하는 말이다.
>
> 아 프리오리의 사용배경은 미국식 사회과학이 과도하게 경험실증주의적 방법론에 천착하여 모든 것을 수량화하는 데 대한 일종의 반발 심리도 작용하고 있는 듯하다. 예컨대 '엄마는 어린 자식을 보호하려는 본능적 심리가 있다'라는 명제에서, 어떤 학자는 경험실증적으로 실험을 하든 양적으로 수치화해야만 그런 말을 진실로서 믿을 수 있다면, 어떤 학자는 그런 말을 아 프리오리하게 (즉 경험 실증적 검증 이전에 직관적으로) 진실로서 받아들일 수 있다고 주장할 수 있겠다."

한 인간의 철학적 사유가 250여 년 지난 지금에도 적용이 되는 것은 칸트라는 인물이 뛰어난 측면도 있지만, 현대 학자들이 현실에 대한 설명을 위해서 소위 수많은 철학자들의 말 중에서 자신에게 유리한 말을 '발견'한 측면도 있다고 본다.

현실 사회에서 경영이나 마케팅 측면에 함몰되어 있다 보면 가끔은 "너무나 자명한" 일들이 눈에 보이지 않을 경우가 많으며, 때로는 "너무나 자명하기 때문에" 돈이 되지 않는 경우도 많다.

한 가지 예를 들어보자. 담배 시장이 개방되면서 한국 담배에 비해 외국 담배를 필 경우 목이 덜 아프다는 소문이 있었다. 그리고 외국산 담배의 오랜 기간 누적되어온 긍정적인 이미지 등등의 이유로 외국 담배의 시장점유율은 급격히 확대되어 갔다.

이때 외산 담배의 점유율 확대를 막기 위해 '외국산 담배에는 인체에 해로운 물질을 넣어서 목을 마비시킨다. 그래서 목이 안 아프게 느껴진다. 그 마비시키는 물질아 아주 좋지 않다. 외국산 담배가 더 해롭다'라는 소문을 냈다. 이런 소문은 나름대로 상당히 큰 파급력을 가지고 있었다. 2000년대 초반 한국은 월드컵 4강 진출 등으로 국가적으로 애국심이 강조되고 한국 제일주의의 신념이 넘칠 때였다.

그래서 한 외국 담배회사에서는 설문조사를 했다.

'당신은 한국에서 생산된 담뱃잎으로 만든 담배와 외국에서 생산된 담뱃잎으로 만든 것 중에서 어느 것을 더 선호하십니까?'

다수의 응답이 '한국에서 생산된 담뱃잎으로 만든 담배를 더 선호한다'라고 했다.

외국 담배회사는 '우리는 한국산 담뱃잎을 사용하며, 한국에서 만듭니다.'라고 대대적으로 광고를 했다. 그리고 담뱃갑에도 한국산 (Made In Korea)임을 강조했다. 그 결과 엄청난 성장세를 보이던 매출은 푹 꺾이기 시작했고, 덕분에 한국의 담배회사는 한숨 돌리고 천천히 적을 상대할 기회를 얻었다.

그 담배회사의 마케터 역시 나름대로 유명한 사람이었는데 왜 그런 실수를 했을까? 너무나 자명한 사실을 간과한 것에 있다. 그리고 설문조사를 해야 할 것과 하지 말아야 할 것을 구분하지 못했다.

마) 조사 방법별 특징과 오류 가능성 및 유의점

(1) 시장 조사(Market Research)와 마케팅 리서치(Marketing Research)

시장 조사(Market Research)와 마케팅 리서치(Marketing Research)는 매우 다르다. 물론 같은 점도 매우 많다. 가장 큰 차이는 조사 목적이며, 가장 유사한 점은 조사 대상이 같다는 것이다. 주로 시장 조사가 더 큰 측면에서 다양한 자료를 바탕으로 회사의 큰 전략 하에 수행된다면, 마케팅 리서치는 시장 조사에서 대략 윤곽이 드러난 목표 고객에게 어떻게 다가가느냐를 위한 조사를 주로 한다고 보면 된다. 이 마케팅 리서치를 '광고나 홍보, 판촉 활동을 하기 위한 수단'으로 생각할 수도 있으나, 실제로는 상상하는 것보다 훨씬 더 다양한 다른 수단과 방법이 존재한다. 다양한 수단과 방법이란 '설문조사를 빙자한 광고' 등이 하나의 예가 되겠다.

시장 조사(Market Research)는 그야말로 현재 시장의 상황이 어떤지, 향후 어떻게 변화할 것인지를 다각도로 살펴보고 연구 분석하여 대응전략 수립을 위한 조사라고 할 수 있다. 시장 조사에서 주로 파악하는 항목은 시장의 추세(Trend), 시장의 크기와 그 변화 상황, 고객의 일반적인 특성과 각 고객 그룹별 특성, 회사 및 상품별 목표 고객, 목표 유통망(채널), 기술의 변화 추이, 경쟁사 및 경쟁 상품(브랜드) 동향, 가격, 상품 유형의 변화, 시장 사이즈 측정 등이다.

한편 마케팅 리서치(Marketing Research)는 주로 마케팅을 수행하거나 커뮤니케이션 목표를 수행하기 위한 기초 조사이다. 위에 언급한 '시장 조사(Market Research)를 기반으로 설정된 특성 시장(목표시장)'에 성공적으로 진입하기 위한 효과적인 마케팅 및 마케팅 커뮤니케이션 활동을 위한 조사이다. 가령 고객들에게 어떻게 카피(광고 문안)를 선정하는 것이 좋은지 아이디어를 도출하고, 도출된 아이디어를 검증하고, 광고, 홍보, 판촉 등의 마케팅 커뮤니케이션의 실행을 위한 매체별 특성을 조사하여 방향을 명확히 설정해 주는 것이다.

시장 조사(Market Research)의 예를 들자면, 우리나라 화장품 시장의 크기는 유로모니터라는 시장 조사 기관의 자료에 따르면 126억 달러 수준으로, 대한민국 인구보다 20% 이상 많은 이탈리아(118억 달러)보다 훨씬 더 크며, 대한민국 인구 대비 20배가 넘는 인도와 유사한 수준(136억 달러)이다. 한국에서 가장 빨리 성장한 품목은 탈취제 품목(데오드란트)이다. 그리고 마스크 팩의 경우 70% 이상이 5,000원대 미만의 상품을 구매해 쓰고 있으며, 고연령층으로 갈수록 평균 구매단가가 낮아진다.

한편 마케팅 리서치(Marketing Research)의 예를 들자면, L사의 핵심 브랜드인 I 브랜드의 목표 고객인 20대 후반 30대 초반, 도시 거주 직장인 여성의 경우 피부 노화에 가장 민감하다. 이들에게 피부를 잘 관리하면 주름을 펴주거나 예방할 수 있다는 메시지를 전달하기 위해 '바르면 펴진다!'와 '쑥~ 들어가 쭉~ 펴준다.'라는 광고 문안(카피)을 개발하고 어느 것이 더 좋은지를 목표 고객에서 물어볼 수도 있다. 그리고 이때 개발한 광고 카피와 가장 잘 어울리는 광고 모델을 선정하거나, 목표 고객들이 자주 접촉하는 미디어 매체와 그들에게 영향력이 강한 사람 등을 파악한다. 이것이 바로 마케팅 리서치의 한 사례이다.

(가) 설문조사(Survey)

설문조사는 시장 조사나 마케팅조사 두 곳에 다 쓰일 수 있다. 한번 조사를 해서 시장 조사에 활용할 수도 있고 마케팅조사에서 활용할 수도 있다. 설문조사란 인간의 생각과 태도를 상당히 정확하게 파악할 수 있는 매우 유용하고, 과학적인 도구이다. 과학적이라는 것은 검증 가능하고, 복기가 가능하다는 것이다. 선진 기업에서는 이를 다각도로 정교하게 잘 활용한다.

다만 돈과 시간이 많이 드는 단점이 있으며, 1회성 조사로 알 수 있는 것도 있지만 자칫하면 해석상에서 혼란을 가중시킬 경우도 많다. 조직 내부적으로 적절한 활용 의지와 방법론이 충분히 갖춰져 있다면 아주 좋은 마케팅 도구이나, 조직 내부에 이를 활용할 사람이 없거나 많지 않다면 오히려 독이 될 경우도 있다.

여력이 된다면 중장기적인 견지에서 연속적인 자료를 활용하는 것이 좋다. 이를 보통 추적조사(Tracking Survey)로 부른다. 그리고 이때 계절적 요인, 설문지 요인, 사회적 주요 이슈와의 관련성 등 많은 것을 고려해야 한다. 기본적으로 대규모의 조사라면 전문 조사회사 2~3곳을 접촉해서 전문적인 상담을 받는 것이 좋다.

많은 책에도 나와 있고, 앞에서도 간단히 설문조사의 단점을 지적했지만 인간은 보지 못한 것, 정확하게 알지 못하는 것에 대해서는 정확하게 판단할 수 없다. 많은 직관을 중요시하는 책에서 설문조사의 오류와 해악에 대해서 아주 심도 깊게 설명한다. 완성되지 않은 디자인과 완성된 디자인을 서로 비교 평가를 하거나, 전혀 익숙해지지 않은 상품과 매우 친숙한 상품에 대한 직접적인 비교 평가는 많은 오류를 가져올 수밖에 없다. 그리고 설문조사 결과는 어디까지나 참고용 자료로 활용해야지, 결정용 자료로 활용하면 위험요인이 크다.

한국의 예를 보자면 설문조사(Survey)를 많이 한 기업은 외국인 기업이다. 한국의 시장과 사회를 아주 잘 이해하고 있는 한국기업, 특히 오너 사장이 직접 경영하는 소규모의 회사는 설문조사를 잘 하지 않는다. 그 이유가 그 오너가 짠돌이어서가 아니라 설문조사 결과가 필요 없을 만큼 현실과 현황에 대해서 명확히 인지하고 있는 경우가 많기 때문이다.

만일 한국의 기업이 해외에 진출하고자 하는 기업이라면, 특히 소비재 관련 기업이라면 객관적인 조사 자료를 다양하게 분석 검토하는 것이 유용하다. 그래야 그 사회 혹은 그 시장에 대해서 알 수 있기 때문이다. 이때 각 국가 간 혹은 지역 간의 수치화된 자료로 비교 분석하는 것이 좋다.

많이 쓰이는 조사분석에 대해서 간단히 언급하면 다음과 같다.

(나) 관찰법(Observation)

관찰은 매우 유용한 도구이다. 다만 관찰자의 열정과 전문성이 아주 중요하다. 이는 객관화되기 어려우며 복기하기 어려운 단점이 있다. 관찰을 통해서 뭔가 심층적인 조사를 해야 할 단서를 발견한다면 가장 좋은 경우이다.

다음은 지인이 직접 행한 관찰을 통한 조사로 대성공을 거둔 경우이다.

한승집 사장은 조그마한 가족 중심의 가게를 10여 년간 운영하다가 돈을 모아서 좀 더 큰 곳에 비교적 규모가 있는 슈퍼마켓을 열었다. 대대적인 판촉행사를 하고, 전단을 나눠줬는데 고객이 매장을 찾질 않았다. 대충 둘러보고 나가는 식이었다. 한 달여가 지나고, 소위 개업 빨이 떨어질 무렵 고객의 숫자도 떨어졌다. 한 사장은 10여 년 피땀 흘려 모은 돈이 녹아 없어지는 것을 보고 수일째 잠을 이루지 못했다. 그러다가 어느 날, 진열된 상품 중에서 특정 브랜드가 상대적으로 좀 더 잘 팔린다는 것을 발견했다. 이 관찰을 계기로 그는 인근 주민들의 모든 쓰레기봉투를 뒤져서 우유갑 등 자신의 가게에서 팔리는 혹은 팔 수 있는 상품의 브랜드를 다 조사했다. 그리고 그 조사

결과를 바탕으로 전체 상품의 구색을 단순화하고 재구성했다.

한 사장은 이 계기를 바탕으로 수시로 인근 주택가의 쓰레기통을 뒤져 소비된 상품의 브랜드를 계량화했다. 한 사장은 이를 바탕으로 큰돈을 벌었다.

다른 사례를 하나 더 소개한다.

김승배 사장은 타고난 뚝심과 노력으로 서울의 제기동 고추가게 도매상을 하면서 많은 돈을 벌었다. 불우이웃도 적극적으로 도울 수 있는 경제적 여유를 갖게 되는 등 비교적 안정된 사업체를 유지하고 있었다. 그의 거래처는 전국의 고추 생산처와 거래하는 도매업자들이었다. 그의 핵심 자산은 수십 년간 쌓인 거래처들과의 강한 신뢰 관계와 높은 권리금이 붙어 있는 가게였다. 사업은 매우 안정적이어서 더 이상 크게 성장하거나 혹은 침체하거나 하지 않았다. 다만 고객들의 추세가 재래시장에서 대형마트 등으로 이동하는 것을 감지하고 있었고, 먼 훗날 대형마트가 들어서게 된다면 자신의 사업에 불리해질 수 있을 것으로 생각했다.

그러다가 어느 날 많은 손님들이 고추나 채소 등을 사고 난 뒤에 육교를 건너 마장동의 고깃집으로 향하는 것을 보았다. 손님들은 무겁고 부패의 위험이 있는 고기를 마지막에 사는 경향이 있었다. 그래서 혹시 현재 있는 곳에서 고기가게를 하면 어떨까 하는 생각을 하게 되었고 이를 위해 많은 고민과 조사를 시행했다. 결과적으로 그는 매우 성공적으로 변화를 완료했다. 그는 그의 가게를 고추가게에서 정육점으로 바꾸면서 기존의 거래처와의 신뢰라는 무형의 큰 자산을 포기했다.

그는 2019년 현재, 제기동에서 가장 큰 매출을 올리고 있다. 명절이면 하루 소매 매출만 1억이 넘는다고 한다. 때로는 고기를 사려는 손님들이 한 시간씩 기다리기도 한다. 정육점 초기부터 확보한 신뢰와 명성 덕분이다. 그리고 대량으로 팔기 때문에 아주 낮은 가격으로 소비자에게 판매할 수 있고, 상품 회전율이 높아 신선했다. 그래서 주변에서 그 가게를 따라 정육점을 열었던 다른 사람들은 큰 재미를 보지 못하고 있다. 압도적인 품질과 가격으로 해당 상권 전체를 이미 장악한 것이다.

(다) 참여 관찰법(Participant Observation)

참여 관찰법(Participant Observation)은 현지에서 현지인들과 함께 생활하면서 그들의 특정적인 행동이나 금기 사항 등을 파악하는 연구에서 많이 발달했다. 대표적인 것이 마가렛 미드(Margaret Mead)의 원시 부족들의 생각이나 행동을 연구하는 것, 제인 구달(Jane Goodall)의 침팬지 생태를 연구하는 것 등이다. 이를 상업적 상품의 개발이나 진단에 활용한 것은 초기에는 생활용품 회사들이었다. 이에 대한 조사의 설계는 조사 전문가들과 현업의 상품개발 전문가, 마케팅 전문가들이 다 같이 모여서 명확한 목표를 설정하고 난 뒤에 실행해야 한다.

최근 들어서 우리나라 휴대폰을 설계하고 생산하는 기업들은 소비자들이 휴대폰을 어떻게 사용하는지, 무엇을 할 때 사용하는지 등을 파악한다. 대표적인 것이 휴대폰 안에 몇 장의 사진을 가졌는지를 측정하고, 그리고 그 사진을 어떻게 지우거나 다른 장소에 보관하여 관리하는지 등이다. 이런 사진의 개수는 관찰 대상자의 나이나 성별, 직업별, 거주공간별로 다를 수 있으며, 그 결과는 상품의 설계에 반영된다. 예를 들면 특정 고객층이 주로 사용하는 휴대폰 모델의 메모리 사이즈의 확대, 사진의 자동백업, 사진을 편집하는 앱의 설치 등이다.

P&G로 대변되는 생활용품 선두 기업들은 각 가정에 조사원들을 파견해서 각 가정별, 그리고 사용자별로 몇 그람의 샴푸나 세제를 사용하는지 등을 수치로 계량화하는 등의 방법으로 사용행태에 대한 상업화된 참여 관찰법을 개발했다. 그리고 이런 가정별 계량화된 자료와 해당 가정의 주 사용자(예 : 주부)의 상품이나 브랜드에 대한 태도(Attitudes) 등을 설문 조사했으며 이 두 가지 다른 차원의 자료를 결합하는 방법 등으로 신상품 개발, 용기개선 등에 활용했다.

구체적으로 설명하자면 A 가정에서 샴푸의 1주일간의 사용량을 측정하고, 누가 사용했는지 묻는다. 만일 여대생인 그 집의 딸이 주로 사용하는 샴푸라면 그 여대생에게 1회 사용량을 손에 한번 짜 보라고 이야기해서 그 양을 측정한다. 동시에 그 여대생에 그 샴푸를 사게 된 계기, 사용하고 있는 샴푸 혹은 다른 샴푸 브랜드들에 대한 향, 용기 등에 대한 평가, 다시 사서 쓸 것인지에 대한 구매 태도 등을 설문 조사로 물어본 뒤 2개의 다른 데이터를 결합해서 재분석한다. 이때 개발하고자 하는 신제품에 대한 관능검사(맛, 향, 촉감, 색깔, 거품의 타입 등 인간의 감각기관으로 느낄 수 있는 것으로 평가하는 검사)를 동시에 실시하여 3가지의 다른 자료를 결합하여 분석할 수도 있다.

(라) 심층 인터뷰, 좌담회(In-depth Interview, FGI, FGD)

심층 인터뷰 혹은 좌담회로 한글로 표기했지만, 영문으로는 In-depth Interview, FGI(Focus Group Interview), FGD(Focus Group Discussion) 등으로 표기하며 주로 기업 및 조사회사 등에서 혼용해서 사용하지만 사전적으로나 그 역할과 목표 측면에서 조금씩 다르다. 다만 심층 인터뷰나 FGI, FGD를 진행하는 사회자(Moderator)가 대부분 동일한 인물이기 때문에 비슷하게 혼용하는 것으로 보인다. 위 3개 유형을 대표적인 정성 조사(Qualitative Research)라고 하는데, 심층 인터뷰, FGI와 FGD 중에서 무엇을 어떻게 진행하는 것이 좋은지에 대해서 말하기 어렵다. 가장 공통적인 사항은 이 3개 다 사회자의 전문성에 대한 의존도가 매우 높다. 전문 사회자(Moderator)의 비용은 그 역량에 따라 몇 배의 차이가 있으며, 전문 분야별로도 상당히 세분되어 있다. 특히 우수한 사회자들은 정성 조사 시에 응답자의 말을 정반대로 해석한 보고서를 작성하기도 하는데, 이때 사회자는 그 이유를 아주 정확하고 엄밀하게 설명해 준다.

심층 인터뷰(In-depth Interview)는 목표 고객집단에 접근해서 인터뷰하는 형태인데, 주로 해당 분야에 오랫동안 연구하거나 일한 전문가를 만나 한 시간에서 몇 시간까지 사전에 제공한 질문지를 바탕으로 진행하는 경우나, 일반인이지만 개별적 보안이 유지되어야 하는 사항 등을 파악할 때 사용된다. 인터뷰이(Interviewee)는 관련 용어나

제품 사용 상황, 그리고 숨겨진 의도와 그 의도를 뒷받침하는 논리적 구조를 정확하게 이해할 수 있는 사람이어야 한다. 여기서 숨겨진 의도와 그 의도를 뒷받침하는 논리적 구조란 예들 들면 다음과 같다.

> ▶ 숨겨진 의도 : 술을 마시면서 놀고 싶다. 다만 놀고 있다는 것을 밝히고 싶지 않다.
> ▶ 의도를 뒷받침하는 논리적 구조 : 사람이 대인관계가 좋지 않으면 사회생활이 힘들다. 따라서 술 마시면서 사람과 어울리는 것은 노는 것이 아니라 원만한 사회생활을 위한 노동이다. 따라서 그 노동은 유희가 아니다.

FGI와 FGD는 단방향 유리 거울방 안에서 사회자의 진행 방향에 따라 1시간에서 3시간 가까이 대화를 나누거나 자신의 의견을 밝힌다. 가장 큰 차이점은 FGI의 경우 사회자와 질문과 대답이라는 형태의 대화를 주로 나눈다는 것이고, FGD는 사회자는 참여자들을 일부러 싸움을 시키거나, 참여자들끼리의 대화를 유도한다는 것이다. FGI에서는 왜 그런지에 대한 부분을 많이 파악하려 한다면, FGD에서는 2개 혹은 3개의 유형으로 구분되는 인터뷰이들이 자신들의 논리 구조를 제시하고, 사회자는 제시된 논리 구조를 파악하는 데 주력한다. 또한 해당 대상자들의 언어(어휘)에 주목하기도 한다.

예를 들자면 왜 여성은 10대 후반부터 영양 크림과 수면 크림을 써야 하느냐는 이슈에 대해서 파악을 하면서 그 구체적인 내부 심리를 파악하고 싶다면 FGI 형태의 개별 참여자와 사회자 간의 대화를 통한 논리 구조 파악이 유리하다. 이때 참여자는 동질적인 3~5명이 좋다. 한국적 상황에서 권하고 싶은 FGI 운영 형태다. 그런데 가끔 참석자 모집에 실패할 것을 우려해 7명까지 확대하는데 가급적 지양해야 한다. 즉 4명이 모여서 이야기하면 적절한데, 혹시 이때 2명 정도가 말을 잘 안 하거나 적합한 참석 대상자가 아니라고 한다면 비용과 시간 면에서 실무자에게 큰 문제가 발생하니 이를 방지하기 위해서 7명~8명의 참석자를 모으는 경우가 많다. 7명을 모아서 2~3명이 말을 안 하거나 엉뚱한 소리를 하는 부적합한 참석자라 할지라도 충분히 진행이 가능하다고 판단하기 때문이다. 하지만 7명~8명이 참석한다면 상호작용을 기대하기가 쉽지 않다. 충분한 기획과 시간을 주지 않은 경우 흔히 발생한다.

한편 광고모델로 방탄소년단이냐, 샤이니, 엑소 또는 마마무로 할 것이냐, 혹은 코카콜라냐 펩시콜라냐에 대한 의견이 다른 2개 집단이 있다면 해당 집단별 3명 정도씩 6명을 모아놓고 서로 자신의 주장이나 토론을 시켜 각각 집단의 논리 구조와 용어를 듣는 것이 FGD의 주요 목적이 될 수도 있다. 이질 집단 간의 집단 논리를 파악하기 위해서는 보통 2개에서 최대 3개의 이질적인 집단 간의 토론을 유도하며 최대 8~9명이 된다. 이때 사회자는 각 집단 간의 격한 논쟁을 유도할 수도 있다. 다만 지나치게 감정적으로 흐르는 것은 막아야 한다. 이때 이질적인 집단 간의 토론 유도를 위해서는 반드시 유능한 사회자(Moderate)와 사전에 협의해야 한다. 이질적인 이종 집단 간의 토의는 때로는 엄청난 현상을 발견할 수 있는 기회를 주기도 하지만, 경험이 부족한 사회자를 고용했을 때나, 각 집단 간 사회적 층위의 차가 크나 사용자와 비사용자 간 등으로 집단을 설정했을 경우, 사회자의 전문성이 떨어질 경우 실패할 위험이 많다. 예를 들면 강남에 대형 아파트 집을 가진 사람들이 희망하는 가전제품과 무주택자 사람들 간의 희망 가전제품에 대해서 토론을 유도하는 시도는 가급적 해서는 안 된다. 한 집단이 다른 집단에 강한 사회적 계층에서 오는 이질감을 느낄 것이 분명하다. 위에서처럼 콜라(펩시 VS 코카)처럼 유사한 층위의 대상자로 하는 것이 좋다. 혹은 샤넬과 시슬리 화장품 사용자들 대상으로 하는 것은 가능하지만, 유럽 명품 화장품과 국내 마트용 화장품 사용자 간 동시 진행은 해서는 안 된다. 이종 집단 간 토의의 가장 큰 목적은 '대등한 층위 수준을 가진 집단 논리 파악'이지, 층위가 다른 이질 집단 간 이질감 파악이 되어서는 안 된다. 이런 이종 집단 간의 토의를 통한 집단 논리의 파악은 정치 현상 분석에서도 다소 많이 활용된다. 이때 발견된 '집단의 논리'는 이질적인 집단끼리의 논리 싸움에서 활용될 수 있는 근거를 제공하기도 하고, 정치의 TV토론에서 반박 논리로 활용되기도 한다.

비용과 시간의 문제 혹은 사회자의 전문적 역량에 따라 자유롭게 FGI와 FGD를 추진하기도 하는데, 엄밀하게 말하면 2개를 섞는 것은 이것도 저것도 얻기 어려운 경우가 많다. 그 이유는 자칫 잘못 섞어 진행하다가 FGD의 가장 큰 목적인 '약간 흥분된 가운데서 나오는 본심의 논리 구조와 용어' 등을 파악하기가 쉽지 않다. 가장 큰 이유는 회의 참여자들의 적정 숫자가 다르기 때문이다. 일반적인 FGD에서는 목소리 큰 사람이 전체의 분위기를 좌우할 수도 있는데, 이때 사회자는 그 사람만을 대상으로 살짝 면박을 주거나 해서 침묵시킨다. 이때 가급적 다른 사람이 눈치채지 못하게 해야 하며, 눈치를 채더라도 전체적인 분위기가 가라앉지 않도록 순발력을 갖춘 사람이 유능한 사회자이다. 해당 업계에서 유능한 사회자라는 소문이 나면 연 수입이 몇억 원을 훌쩍 넘는 경우도 많았다.

(마) 실험실 조사분석 방법(Experimental Design)

복잡한 상황을 엄격히 통제한 뒤 몇 개 혹은 한두 개의 가설을 검증한다. 예를 들면, 경쟁사를 이길 수 있는 라면 개발을 위한 선호도를 조사한다고 치자. 사람들의 입맛은 그 사람들이 배가 부른지, 혹은 라면을 먹기 직전에 무엇을 먹었는지, 누구랑 먹었는지 등에 따라 달라질 수가 있다.

이럴 경우 사람들을 모아놓고 똑같은 식단을 제공한 뒤에, 2시간이 지난 뒤에 새로운 라면과 경쟁사 라면을 동시에 먹게 한 뒤 평가한다. 이때 30명 정도는 새로운 라면을 반 개 정도 먼저 먹게 하고, 다른 30명 정도는 기존의 경쟁사 라면을 반 개 정도 먼저 먹고 평가한다. 이렇게 함으로써 특정 라면을 먼저 먹어서 발생할 수 있는 순서효과나 맛을 테스트하기 직전에 무엇을 먹었는가에 대한 간섭 효과를 배제할 수 있다.

여기서 30개 정도 이상을 조사하는 것은 특정 최소 집단의 표본이 30개가 넘는 것이 좋다는 오랜 경험과 사회 통계적인 이론을 근거로 한다. 즉 인간의 사회 통계적인 유형을 30개 정도로 분류할 수 있으므로 그 정도 이상의 표본을 필요로 한다는 것이다.

이러한 실험실 조사분석 방법(Experimental Design)은 조사를 위한 가설과 조사 실행의 설계가 매우 중요한데, 그 이유는 위에서 언급했다시피, 실행 방법상 특정 가설 하나 혹은 두어 개밖에 조사할 수 없으며, 사람들을 모아놓고 시간을 보내야 하는 등 비용이 아주 많이 들게 되어있다. 즉 한두 개의 가설을 결정하는 데 엄청난 돈이 드는 것이다.

화장품의 경우 신제품의 특장점을 위와 같은 방법으로 조사 분석하려고 한다면 역시 엄청난 돈이 들 수 있다. 그 이유는 나이와 외부의 온도, 피부타입 별로 사람들 간의 반응이 다를 수 있기 때문이며 이렇게 하나하나의 조합을 다 분류하여 조사하자면 천문학적 돈이 들 수밖에 없다. 이때 사용하는 고급통계 조사 방법(Conjoint 분석 등)이 있긴 한데, 이 역시 큰 비용이 든다.

(바) 온라인 등의 2차 자료 확보 및 분석(Online Data Analysis)

TV홈쇼핑 회사의 판매 자료를 분석할 때 일이다. 1998년도에 홈쇼핑이 한창 성장할 무렵이었다. 누가, 언제, 어떤 제품을 구매했으며, 특정 기간에 총 몇 번의 구매를 했는지를 분석하다 보니 놀라운 것이 한두 개가 아니었다. 게다가 거주 지역을 변수로 넣어서 구분해 보면 인간의 구매 유형이 수백 수천 개가 되는 것이 아니라 몇 개 혹은 몇십 개의 유형으로 구분될 수 있었다. 적어도 마케팅적 측면에서 본다면 그렇다는 것이다. 다양한 변수를 바탕으로 연관 상품의 구매를 예측하는 것은 불가능한 것이 아닌 것으로 판단되었다.

얼마 뒤 인터넷 서점 아마존에서 책을 둘러보는데 내가 관심을 가질 만한 책을 자동으로 추천했다. 가끔 대형마트에 가면 와인 병이 있는 곳과 와인 잔이 있는 곳, 와인 병따개가 있는 곳이 서로 멀리 떨어져 있는 마트가 있고, 이를 한 곳에 모아 놓은 마트가 있다. 어떻게 분류하여 전시하는 것이 관리와 판매에 더 효과적인지 모르지만 적어도 판매적인 측면에는 모아 놓은 것이 나쁘지는 않을 듯하다. 이는 분석상의 관련성을 정확하게 인과관계를 설명할 수 있도록 파악하는 것이다. 수치상으로 강한 관계를 보이지만 설명을 못할 경우가 발생한다면 그것은 분석이 잘못된 것이다.

자료를 분석하고 관리할 능력이 충분할 경우에 제품이 원재료에 따른 구분이 아니라, 사용 상황 구분에 따라 모아 놓는 것이 유리할 것으로 보인다. 예를 들자면 온라인으로 비행기 표를 끊고 나면, 꼭 뒤따라 나타나는 광고가 호텔과 렌터카이다. 이런 것이 바로 대표적인 사용 상황 구분에 따른 상품제공 방식이다.

대형 백화점의 경우 화장품 코너, 의류 코너, 신발 코너, 가구 코너 등이 구분되어 있는데 이는 상품의 유형 혹은 재료의 유형에 따른 구분이다. 한편 와인 병과 와인 잔, 와인 병따개, 와인 안주용 치즈 등을 한꺼번에 모아 놓은 것은 사용 상황 구분에 의한 분류이며, 양주와 담배를 한꺼번에 판다면 사용자 구분이다. 한편, 비누, 칫솔, 타올, 샴푸 등을 한 곳에 모아놓고 판다면 사용처에 따른 구분이다. 때로는 수입품 코너 등이 있는데 이는 원산지에 따른 구분이 되겠다. 다만 오프라인의 대형 매장일 경우 동일한 상품을 중복적으로 배치해야 하고 이때 장소를 차지하는 큰 비용이 수반된다. 또한 몇

군데 중복 분산되어 있다 보니 관리가 쉽지 않다. 이케아(IKEA)는 이런 문제에 일찍 착안해서 여러 곳에 분산 전시했으며, 전산으로 착실히 해당 물품의 재고를 관리했다.

온라인회사의 경우 위의 구분을 한꺼번에, 일시에 편리하게 조절할 수 있다. 즉 소비자의 유형과 구매 이력 등에 따라 한꺼번에 다양한 와인을 내어놓을 수도 있고, 와인과 어울리는 안주 혹은 육류를 보여줄 수도 있다. 위의 백화점의 경우라면 위의 예에서 보이는 원재료, 사용 환경, 사용자, 사용처, 원산지 등의 다양한 구분을 소비자 개인에 맞춰 유기적으로 할 수가 없다. 백화점이나 대형 마트의 경우라면 거의 불가능한 사항이다. 작은 와인 전문 상점에서는 일부 가능할 수도 있겠으나 대형 공간에서 다양한 유형의 상품을 파는 곳이라면 그야말로 불가능한 구매자의 다양한 욕구에 유기적으로 대응할 수가 있겠다. 게다가 그 행동 하나하나를 기록으로 남기며 추적이 가능하며, 마케터는 이를 과학적인 방법으로 잘 분석할 수 있다. 특정 상품 혹은 특정 유형의 소비자에게는 사용처를 중심으로 상품을 제안(offer : 모니터에 다음 구매할 상품을 보여주는 것 등)하거나 사용 상황을 중심으로 제안할 수 있겠다.

이런 소비자의 구매 행동은 개인이나 개별 기업이 확보할 수도 있으며, 자금을 들여 구매 및 분석할 수도 있다. 백화점, 대형 마트, 재래시장 등의 구매 행동 분석과 이에 따른 예측 및 대응과는 차원 자체가 달라진다.

이런 이유로 인해 미래가치에 투자하는 성향이 강한 주식시장에서 구글이나 아마존과 같은 IT 기업들의 주가가 영업이익액에 비해 매우 좋은지도 모른다. 다양한 고객의 행동을 실시간으로 파악할 수 있는 빠른 대응력을 가지고 있으니까. 물론 이 이외에도 다른 장점이 많겠지만 실시간 고객 동향 파악 가능하다는 장점은 오프라인 매장에 비할 바가 아니다. 물론 산업 유형에 따라서는 몇 년 지난 2차 자료를 사용하는 것도 무방한 경우도 있겠지만, 인터넷이라든가, 유행에 민감한 산업이 화장품 등의 **FMCG (Fast-Moving Consumer Goods)** 산업에서는 곤란한 경우가 많다.

2) 신상품 확보 및 개발
(N : New Product Introduction NPI)

신상품 확보는 크게 3가지 방법으로 이루어진다. 내부적 개발, 내외부 협업, 외부개발 상품의 확보이다. 일부 중소기업의 경우 100% 내부 개발만을 추진하는 경우가 있는데 주로 기술회사들이 추구하는 방법이다. 어떤 개발 방법이 더 좋은 것인가를 단정할 수는 없다. 각각의 장단점이 명확하여 기업이 추구하고자 하는 목적과 조직원들의 역량, 기존의 영업망 등에 맞게 잘 선정하는 것이 중요하다.

일부 개발 중심으로 출발한 회사는 역량이 외부 상품을 발굴할 여력이 없어서 100% 자체 개발에만 의존하는 경우가 있다. 좀 더 시간이 지나고 내부에 인적, 자본적 여력이 축적되면 내외부 협업 혹은 외부개발 상품을 확보하기도 한다.

'좋은 신상품의 확보'는 좋은 '조사분석 결과'를 바탕으로 훌륭한 마케터가 지녀야 할 가장 큰 자질의 하나이다. 기본적으로 고객이나 시장 상황을 정확하게 인식했다면, 그리고 고객들이 원하는 바를 파악했다면 그에 맞는 상품을 찾을 수가 있다.

신상품은 이를 확보하는 데 소요되는 시간과 비용 등을 파악해서 결정해야겠지만, 소비재 완성품을 기준으로 볼 때 내부적 역량으로 관련 신상품을 확보하는 것이 가장 좋고, 그다음이 외부에서 조달하는 것이다. 내외부 협업은 복잡성과 기술적 난이도가 높은 곳에 적용한다. 소비재 완성품 기준이라는 의미는 부품이나 소재를 제외한다는 말이다.

예를 들면 잘 구성된 헤어용품 세트(Set)를 판다고 치자. 샴푸는 자체 개발해서 판매하지만 린스는 다른 회사에서 조달했다. 초기에는 판매가 힘들었지만, 광고 홍보도 잘 되어서 매월 꾸준히 수익이 나는 좋은 상품이 되었다. 그러자 린스를 공급하는 회사에서 공급가격을 더 달라고 주장하면서, 가격을 올려주지 않으면 상품 공급을 중단하겠다고 주장한다. 올려달라는 대로 돈을 다 주자니 수익이 매우 악화되고, 안 주자니 그간 쌓아놓은 브랜드의 인지도나 선호도가 다 사라진다. 이때 등장하는 것이 협상력이고 브랜드 파워인데, 유능한 마케터라면 이런 위험요인을 사전에 잘 통제하는 것이 좋다.

여기서 사전 통제라고 표현하였는데, 모든 것을 자체적으로 해결한다는 것도 무리다. 그렇다고 위의 경우처럼 소위 발목이 잡히는 경우가 한두 건 있는 것이 아니다. 위에서는 샴푸와 린스를 예로 들었지만 많은 경우 외부 브랜드를 라이선싱(Licensing) 하거나, 원재료 조달 계획을 잡다가 발목을 잡힌다.

따라서 이때 내부적으로 가능한 모든 경우별 큰 시나리오를 만들어 놓고, 계약을 잘 하는 것이 중요하다. 즉 마케터는 사업과 산업, 소비자의 트렌드를 바탕으로 어느 정도 합리적인 선에서 시장을 예측하고, 그 예측 결과에 따라 마케팅 활동을 펼쳐야 한다. 이때 어떤 기업은 중장기 계획이라고 해서 3~5년 계획을 잡으라고 하고, 어떤 기업은 10년 계획을, 어떤 기업은 3년 이상의 계획을 잡지 말라고 한다. 교과서적으로 볼 때, 혹은 우수 기업의 사례로 볼 때 이에 대한 골든 룰은 없다. 산업 특성과 기업역량에 맞게 변화해 가는 시장 환경에 유기적으로 적응하는 수밖에 없다.

필자의 직업적 특성에 따라 많은 성공한 경영인과 마케터를 만났는데, 공통으로 나오는 사항은 '큰 그림 속에서 매우 유연하다!'라는 것이다. 가끔 드라마에 나오는 것처럼, 카리스마가 넘치고 모든 것에 확신을 가지고 밀어붙이는 스타일이 아니라 유연하게 대처한다는 것이다. 때로는 '정말 말을 잘 바꾼다'라고 생각이 들 때도 있을 만큼 유연하다.

신상품 개발은 각 단계별로 나뉘고, 이 각 단계를 잘 구분하여 설명한 것이 많다. 그리고 회사마다 각 단계별로 거쳐야 할 과정이 있다. 이를 신상품 개발 프로세스(New Product Development Process)라고 하며 주로 회사 내부에서 자체적으로 개발을 추진하거나, 일부분을 외부 전문가(조사, 분석, 디자인 등등의 전문가)들의 도움을 받아 진행할 때 사용한다. 외부에서 조달하거나, 협업으로 추진하는 것은 각각 다른 프로세스를 거친다.

이때 우리나라 기업들이 가장 간과하거나 무시하는 것이 '계약 등의 법률관계' 등 순수 마케팅 외적 위협 요인이다. 반대로 가장 많이 신경을 쓰는 것이 '내부의 무난한 평가와 최고 의사결정자의 심기'인데, 이는 신경을 써야 하는 중요한 요소의 하나이지 결정요인의 모든 것이 아니다.

가) 신제품 개발 프로세스(Process)

신제품 개발에 대한 방법은 수많은 책들에 잘 소개되어 있으나, 실무 경험과 책자의 비교 등을 통해 1) 신제품의 정의, 2) 신제품 개발 유형 및 방식에 따른 특장점은 다음과 같다.

(1) 신제품의 정의

신제품의 정의는 회사, 시장, 고객마다 다르다. 이 책에서는 크게 획기적 신상품과 개선적 신상품으로 구분한다. 획기적 신상품이란 드론, 스마트폰(애플사의 스마트폰은 사실 기존의 시장에 있던 기술의 제품이나 획기적인 마케팅으로 획기적 신제품처럼 시장에 등장했다.)이나 아이크림, 보습크림 등과 같은 기존 시장에 없던 제품을 지칭한다.

한편 개선적 신상품이란 갤럭시 S10과 같이 기존 제품에 없던 몇 가지 기능을 더하거나 기존의 기능을 개선한 제품을 말한다. 시장에서 획기적 신상품의 성공확률이 더 낮은 편이다. 마치 영화에서 속편인 2탄을 만들면 1탄만큼은 되지 않아도 어느 정도의 성공은 보장할 수 있는 것과 같은 이유이다. 물론 획기적 신상품이 크게 성공한다면 대부분 속편, 혹은 2탄, 3탄의 후속 상품을 낼 수도 있다.

이 후속 상품은 매우 중요한 전략적 의미를 갖는다. 특히 휴대폰 등과 같이 구매 주기가 비교적 긴 고가의 고관여 제품 경우에 더욱 중요한 전략적 의미를 갖는다. 예를 들어 현대차의 소나타 시리즈, 애플사의 휴대폰인 아이폰 시리즈와 이를 효과적으로 잘 따라 하는 삼성전자의 갤럭시 시리즈 등이 대표적이다. 출시한 상품의 브랜드 자산을 놓치지 않고 받을 수 있는 장점이 있으면서도, 출시한 상품의 브랜드의 가치를 살려 줄 수 있다. 즉 단종된 브랜드가 안 되게 후방에서 브랜드 자산을 보호해 줄 수 있다.

아주 충분한 광고 홍보비를 쓰지 않으려 한다면 가급적 기존의 브랜드 자산을 살리는 것이 좋다. 보통 회사 내부 임직원들이나 관계자들은 자신들의 브랜드가 소비자들에게 충분히 어필되었으며, 때로는 약간 식상할 수 있다고 착각한다. 소비자들에게 대부분의 브랜드는 항상 두렵거나 새로운 것이다. 다만 대부분의 영화처럼 속편이 본편을 뛰어넘는 경우는 많지가 않다.

(2) 신제품 개발 유형 및 방식에 따른 특장점

(가) 직관·속도 대 논리·안정적 개발

신제품을 회사 최고경영자나 기존에 많이 개발해왔던 사람들의 직관에 의해 개발한다. 중소기업, 특히 스타트업 기업들에서 많이 일어난다. 이때 가장 중요한 것은 성공에 대한 확신과 시장 상황에 따라 목표와 상품을 유연하게 바꿀 수 있는 스피드다. 해당 상품의 성공요인에 해당하는 중요한 것 몇 가지만 확인하여 속도감 있게 추진하는 것이 중요하다. 이를 이론화한 것의 하나가 린(Lean) 마케팅이라고 한다. 세계적인 자동차 제조회사인 일본의 도요타에서 활용한 생산방식의 하나이다. 애플사의 스티브 잡스의 신제품 개발 방식도 주로 여기에 해당한다.

반면 논리 및 안정 중심에 의한 개발은 대기업 중심의 기업, 특히 오래된 기업 중심으로 진행된다. P&G, 코카콜라, 아모레퍼시픽, 랑콤, 삼성전자, 도레이(Toray) 등과 같은 글로벌 대기업이 여기에 해당한다. 여기서 가장 중요한 덕목은 성공하는 것이 아니라 실패하지 않는 것, 혹은 적게 실패하는 것이다.

(나) 신제품 개발 성공확률

우리나라 대기업의 신제품 개발 성공확률은 5% 내외이다(이 성공확률을 정의하고 측정하기 위해서 수많은 학자, 컨설턴트, 내부 전문가들이 노력했다). 이때 신제품의 정의란 위에서 말한 획기적 신상품과 개선적 신상품 모두에 다 해당한다. 다만 성공이란 정의가 다 다른데, 이는 개발 당시의 목표의 달성 여부로 평가해야 한다. 기업의 존재 이유는 이윤추구이다. 따라서 기업 측면에서는 이윤을 남기는 것이 목표이자 선이다.

하지만 개별 상품이나 개별 브랜드의 측면에서는 전혀 다른 이야기가 된다. 기존 제품의 개발비와 인건비, 판매관리비 등을 뽑아 영업이익을 남기면 성공했다고 보는 측면이 있을 수 있고, 기존의 주력 상품을 대체할 만한 상품으로 시장에서 크게 히트하고 회사의 주력 상품이 될 수 있는 신제품 개발을 성공이라고 볼 수도 있다.

한편 전혀 다른 이야기이지만 때로는 경쟁사 상품의 성공 고착화를 방해하는 목적으로 출시하는 경우도 적지 않다. 먼저 출시한 경쟁사 제품과 대충 비슷한 콘셉트로 만들어서 시장을 교란할 목적으로 할 수도 있고, 회사가 다른 야심 찬 상품을 개발하기 전까지 우선 나가 시간 끌기만 해주다가 장렬히 전사하는 상품을 개발할 수도 있다. 마케팅부서에서 의도한 바가 아니라, 영업부서에서 시장의 현실에 적응하다가 보니 어쩔 수 없이 희생양으로 던지는 경우에 의해서 결과론적으로 그렇게 되는 경우도 있다.

이에 대해서 브랜드를 만들고, 보다 고부가가치화해서 기업의 안전하고 점진적인 발전을 원한다면 회사의 생각보다 시장의 반응은 항상 조금(때로는 아주 많이) 늦다고 생각하라. 모든 사람들이 다 알고 있다고 생각하는 것은 큰 착각이다. 알았다가도 잊을 수 있으니 말이다.

위에서 말한 성공확률 5%는 최소한 경제적으로 손해를 끼치지 않은 상품 혹은 해당 상품의 출시 목표를 충분히 잘 지킨 경우를 의미한다.

(다) 적정 신제품 개발 시기

신제품 개발 시기에 대한 정답은 없으나, 보통 성수기를 기점으로 경쟁사의 영업 활동에 대비하는 것이 가장 정확한 시점인데, 정확하게 맞추기가 어렵다. 성수기는 대부분 달력상으로 고정되어 있으나 경쟁사들이 무엇을 하는지 모르기 때문이다. 또 안다고 해도, 마지막 순간까지 최선을 다한다는 미명하에 의사결정을 계속 미루다가 실기를 하는 경우도 많다.

시간에 쫓겨 핵심 품질을 희생하는 것은 매우 위험하지만, 다른 핵심기능이나 품질에 영향을 미치는 것이 아닌 사소한 것으로 인해 적정 시기를 놓치는 것 또한 매우 위험한 것이다.

보통 각각의 업계에는 해당 제품을 위한 표준 공정표가 있다. 그 공정표를 지키는 것이 가장 좋다. 그렇지 못하다면 회사의 의사결정 시스템 혹은 개발 시스템에 분명히 문제가 있는 것이다. 적어도 성공한 혹은 하는 기업에서는 회사의 의사결정 시스템에 큰 문제를 발견하지 못했다.

(라) 신제품 개발의 7 단계와 단계별 유의 사항

신제품 개발 단계를 편의상 '① 기획, ② 목표시장 설정, ③ 콘셉트 도출, ④ 상품 구체화, ⑤ 네이밍, 외관 디자인 등 마케팅 커뮤니케이션 플랜 및 소구 포인트 개발, ⑥ 상품 출시 및 시장반응 파악, ⑦ 신상품 운영계획 재수립' 이렇게 7단계로 나누었으며, 각 단계별 반드시 해야 할 일과 유의 사항을 간단하게 적어보았다. ① 기획부터 ⑤ 마케팅 커뮤니케이션 플랜 및 소구 포인트 개발은 거의 동시에 추진할 수도 있다. 그리고 ①에서 ④까지 순차적으로 검토되는 것이 아니라 왔다 갔다 할 수도 있다. ① 단계부터 ⑤ 단계까지를 동시에 진행할 경우 전문가들로 구성된 하나의 큰 팀을 만들어야 하므로 인원의 효율적 관리가 중요하다. 그리고 ⑥ 단계나 ⑦ 단계는 마케팅팀뿐만 아니라 영업과 회사의 경영관리(총무, 자금 등)팀과 협력해서 추진해야 한다.

① 기획

빈 시장을 발견해야 한다. 여기서 빈 시장(Market)이란 '소속 회사의 관점'에서 비어 있는 시장이다. 비어 있는 시장의 정의는 해당 상품군에 제대로 된 경쟁자가 없다는 뜻이기도 하고, 소비자가 자신이 뭘 원했는지 몰랐을 수도 있고, 소비자들이 필요로는 했지만 정확히 정의하지 못했을 수도 있는 시장이기도 하다. 이 비어 있는 시장의 정의는 사람, 회사, 산업마다 다를 수 있다. 목표와 역량에 따라 다다르게 정의할 수도 있다는 것이다.

매켄지를 비롯한 세계적인 경영 컨설팅회사들은 회사 조직을 어떻게 가져갈 것인지 조직전략을 수행하는 컨설팅을 비롯해서, 마케팅 전략, 영업전략, 광고전략, 신제품 개발, M&A 전략 등 회사가 가진 다양한 문제에 대해서 나름대로 분석을 동원해서 방안을 제시한다. 정형화된 분석 도구가 있는 회사도 있고 없는 회사도 있지만, 대부분 회사의 분석 초기에 사용하는 프레임이 바로 3C 분석이다. 바로 Company(자사), Competitor(경쟁사), Customer(고객) 분석이다.

앞에서 이야기한 마케팅 4P 전략 분석과 함께 숫자와 약어로 된 용어들 중에 가장 널리 쓰이는 말이긴 하지만, 제대도 된 전략을 수립하기는 쉽지 않다. 아무리 3C 분석과 4P 전략을 잘 한다고 해도 실패하는데, 그 이유 중에서 하나가 바로 타이밍(Timing : 적기)을 잡는 것이다. 타이밍을 잘 포착하는 능력은 분석에서 나오지 않기 때문이다. 때로는 너무 빨라서 실패하고, 때로는 늦어서 실패한다.

일반적으로 사업전략 혹은 상품전략을 수립하는 방법의 기초는 3C 분석(자사, 경쟁사, 고객)에서 시작하지만 회사 주주들의 열망이나, 최고경영층의 목표와 비전 등에 따라 매우 가변적이다.

예를 들어 '성장 가능성이 높은 시장에 진출한다.'라는 관점에서 살펴보자. 모든 사람들이 성장하는 산업에 투자하기를 원할 것이다. 성장 가능성이 높다는 것은 요즘으로 말하면 온라인 마케팅 플랫폼 등 온라인(on-line)으로 전환될 수 있다면 성장하는 산업이 주를 이룰 것이다. 또한 항노화 분야 신약개발, 자율 주행차와 같은 것이다. 누가 봐도 성장하는 시장일 것이다. 전체 시장 규모가 확대될 것이다. 소위 맛있는 피자의 직경(파이-π)이 커지면 커질수록 내가 먹을 수 있을 양이 늘어나는 것처럼, '시장 규모의 파이(π)'가 지속해서 커지는 것이 좋다.

한편 시장 성장 가능성이 높지 않더라도, 기존 모든 경쟁자를 압도해서 하나의 시장으로 통합할 수 있으면 매우 좋은 사업이 된다. 약간 불가능에 가까운 예시지만, 설명을 위해 예를 들자면, 곡류 시장의 관리 통합 같은 것이다. 곡류(쌀과 밀 등)의 소비량을 전체의 단위로 본다면 한 인간의 기존 섭취하던 곡류의 총량에 비례하지, 특별하게 몇 배 더 성장하거나 줄어들 수가 없다. 인류 전체로 보면 인구 증가에 따라 증가하겠지만, 한국만을 기준으로 본다면 향후 줄었으면 줄었지 늘어날 가능성은 약하다. 하지만 곡류의 유통을 하나로 통일해서 장악할 수 있다면, 이는 매우 매력적인 사업이 될 수 있다. 특정 시장을 완전 장악한다면, 이윤구조를 쉽게 조정할 수 있다. 법률용어로 독과점사업자 혹은 시장지배적 사업자 등의 개념이 여기에 속한다. 이때는 바로 경쟁자들 대비 역량을 평가한 것이다.

현재 누군가가 해당 시장을 선점하고 있다면, 그 선점하고 있는 회사나 상품에 비해 우위에 있거나 혹은 싸워서 이길 만한 요소를 가지고 있어야 한다. 이때 가격, 품질, 신기술, 디자인, 서비스망, 상품의 콘셉트 등이 중요 요소인데, 이 중에서 한두 가지 만이라도 확보하고 있다면 도전해 볼 만한 싸움이 된다.

하지만 때로는 위 모든 경쟁요소를 다 갖춘 완벽한 경쟁상대에 대해서 정공법이 아닌 게릴라 전법과 같이 전혀 다른 싸움 방식으로 상대를 완전히 무력화시키는 전략을 개발해 내기도 한다. 이때 시장에서는 다윗이 골리앗을 꺾었다고들 말한다.

예를 들면 '무료' 혹은 '공짜' 마케팅이다. 넷플릭스는 한 달간 무료 제공 서비스, 화장품 회사들의 화장품 샘플 무료 제공 등이 대표적인 무료 마케팅의 하나이다. 그 가운데에서 대표적으로 큰 성공을 거둔 사례가 구글(Google)이다.

2004년도에 출범한 이 서비스는 다른 기업들은 수십 메가 전후의 이메일 용량을 제공한 데 비해, 구글은 1기가 바이트의 용량을 공짜로 줬다. 최소한 10배에서 100배에 이르는 엄청난 양이다. 당시 이런 사업 방식에 대해서 세계 2~3위의 부자이자 오마하의 현인이라 불리는 워런 버핏은 구글의 '엄청난 돈을 들여서 공짜로 퍼주는 사업 방식'에 회의를 표했다. 검색엔진이 약간 다르고 성능이 약간 더 좋다는 수준으로 이해했지만, 지금처럼 전 세계 광고 시장을 석권한 글로벌 공룡이 되리라고는 생각하지 못했다.

적어도 2004년 기준으로 볼 때, 구글이라는 신생기업은 마이크로소프트사의 유통망과 서비스망 등에 비해 전혀 고려할 만한 기업이 아니었다. 특히 구글사가 크롬이라는 신제품을 가지고 나올 때, 당시 절대 강자였던 마이크로소프트 사는 자신들보다 먼저 시장을 장악한 넷스케이프 사를 M&A 한 뒤 의도적으로 업그레이드를 하지 않고 저절로 시장에서 사라지게 만들었다. 그리고 난 뒤 전체 웹브라우저 시장을 장악했으며, 다른 오피스용 소프트웨어와 같이 팔기도 했다.

여기서 넷스케이프 사를 인수해서 사장시킨 마이크로소프트의 전략은 약 20년 후에 손정의에 의해 화려하게 다시 시장에 그 모습을 드러냈다. 일본 소프트뱅크 야후재팬의 최대주주이자 세계 최대의 상거래 회사 중국 알리바바 사의 최대주주였던 손정의는 2018년도에 차량공유 서비스인 우버(Uber)와 그랩(Grab)을 동시에 인수해서, 동남아에서 우버를 없애 버렸다. 그 결과 우버과 그랩 간의 출혈적인 가격 경쟁은 끝나고 그랩은 동남아를 석권하게 되었다. 물론 고객 입장에서는 훨씬 더 비싼 비용을 지불할 수밖에 없었다.

공짜마케팅, 무료 마케팅은 장기적인 전략하에 추진되어야 한다. 그리고 그 전략이 매우 치밀해야 하고 많은 자금이 있어야 한다. 인터넷 초기에 이메일 계정의 숫자가 바로 고객의 숫자였고, 그 고객의 숫자가 바로 현금과 같이 취급되었다. 그래서 미국의 Hotmail사는 무료로 계정을 만들어 줬고, 이 전략이 성공해서 큰 투자금을 유치했다. 그 뒤 한국의 다음커뮤니케이션에서는 한메일(hanmail)을 무료로 나눠줬다. 기존 성공 전략을 잘 카피한 것이다. 그러다가 자체적으로 시스템의 큰 부하가 걸리자 유료화하는 등 전략의 일관성을 잃었고, 그 뒤에 네이버라는 회사와의 경쟁에서 지게 된 결정적 계기가 되었다.

무료로 고객에서 줄 때는 몇 개의 확실한 기준이 있어야 한다. 판을 바꾸겠다는 의지와 완전 차별화된 제품력, 그 제품을 쓰고 난 뒤에 유료로 해당 제품을 살 수밖에 없는 상황의 마련, 그리고 그 전략에 맞는 수준의 자금력이 있어야 한다. 본격적으로 수익으로 연결될 때까지 버틸 수 있는 시기를 예상하고 그 기간을 버틸 수 있어야 한다.

사례 : 화장품 신제품 개발 기획 예시

[기획배경] 2004년 1만 개에 달한다던 화장품 가게의 숫자도 줄어들었다. 온라인 매출이 상승하고 있었고, 온라인 매장을 통해 알려진 가격이 화장품 전문점에서 파는 가격이 달라서 시장에서 가격 교란이 있었다.

당시 가장 지배적인 의견은 '화장품은 설명을 해서 파는 상담형 상품이다. 온라인에서는 기존에 구매해서 잘 사용하고 있던 단순 상품이나 구매하는 것이지, 새로운 기술을 도입한 화장품을 팔기에는 어렵다. 그리고 TV홈쇼핑이 화장품이라는 고관여도의 고급 상품을 팔기에는 힘들다'라는 의견이 지배적이었다. 그래서 소위 '화장품을 좀 아는 마케터들'은 'TV홈쇼핑 판매는 안된다'라는 의견이었다.

[기획내용] 온라인을 비롯한 신규 채널의 확대가 대세다(당시에는 현재 활용되고 있는 인터넷 쇼핑 이외에 TV홈쇼핑도 신규 채널의 하나로 인식했다). 이후 공신력 있는 전문가 상담을 진행한다. 개인적 상담이 불가능한 측면은 이해가 가지만, 화장품 전문점의 전문 상담사 보다는 사회적으로 공신력 있는 전문가가 해주면 더 좋을 것 같다. 따라서 미스코리아를 많이 배출한 헤어드레서 겸 스타일리스트, 혹은 유명 메이커업 아티스트가 상담해 준다면 어떨까?

- 장점 : 전문가의 도움을 받을 수 있다. 단기간에 인지도를 높일 수 있다.

- 단점 : 외부 전문가와 협력하는 것은 우리의 자산이 아니다. 우리 돈으로 외부 전문가의 지갑만 불려줄 수 있다.

[기획 시 핵심 고려사항]

◦ 얼마만큼 매력적인 시장인가? (시장 매력도)
◦ 내/외부 및 고객에게 어떻게 브랜드를 포지셔닝 할 것인가? (Brand Positioning)
◦ 시장에서 필요한 역량을 확보하고 있는가? (경쟁 우위 확보 및 차별화)
◦ 수익에 어떠한 역할을 할 것인가? (Brand 로드맵)
◦ 타 Brand들과 어떻게 자원을 배분할 것인가? (자원 배분 효율성)
◦ 향후 어떠한 기준으로 관리할 것인가? (Brand별 중점 관리 방향)

② 목표시장 설정

빈 시장을 발견했다면, 그중에서 가장 효과적으로 공략할 수 있으면서 후발주자들 및 경쟁자들로부터 지키기 쉬운 곳을 선정해야 한다. 그 선정된 시장의 동질성이 높을수록 좋다. 동질성이 높다는 것은 특정 이슈가 발생했을 경우 거의 하나의 단위로 볼 수 있는 곳이 좋다.

그리고 효과적으로 공략한다는 것은 해당 시장을 선점하기 위한 시간과 비용과 노력이 적게 들어가야 한다는 뜻이다. 일반적으로 효율적이라는 것은 노력과 시간 대비 성과를 의미한다고 볼 수 있는데 반해, 효과적이라는 표현을 쓴 것은 빈 시장을 발견했다면 '완전히 장악'하는 것이 중요하다는 것을 강조하기 위해서다. 아무리 작은 시장이더라도 해당 시장에서 완벽한 지위를 가질 수 있다면 확장 가능성이 매우 높다. 여러 개의 큰 시장들에서 항상 2~3등을 차지하는 것보다 작은 시장에서 완벽한 지위를 얻는 것이 훨씬 좋을 때가 많다. 대표적인 것의 하나가 할리 데이비드슨이 차지하고 있는 초고가형 개인 취향 중심의 모터사이클 시장이다. 따라서 '빈 시장에 대한 효과적인 공략'이 중요하다고 본다.

또한 시장의 동질성이란 예를 들면 기억력 증진에 도움이 되는 아로마 세트를 판다면 시골 읍, 면 단위의 도서지방을 노리는 것보다는 서울 대치동 학원가 근처에 있는 고3 수험생 어머니들을 대상으로 목표시장을 정하는 것이 좋다.

이처럼 시장의 동질성이란 위의 할리 데이비드슨의 예와 같이 목표집단의 심리적 동질성도 해당하거나, 지역적 동질성, 사회 언어적 동질성, 종교적 동질성 등등 다양한 동질성 시장으로 구분할 수도 있다.

③ 콘셉트 도출

콘셉트(Concept)는 상품에서 매우 중요한 분야이다. 좋은 콘셉트란 상품과 고객을 구체적으로 이어주는 강력한 접착제와 같다. 목표 고객(Target Consumer)과 합치될 수 있는 것이어야 한다.

개념이라는 뜻으로 해석될 수도 있는데, 신제품 개발, 광고에서 흔히 쓰이는 말이다. 일본에서도 주로 콘셉트라고 사용하며, 미국에서는 'Idea(아이디어)'라고 표현하는데, 우리나라 마케팅에서 활용되는

'아이디어'와는 의미가 약간 다르다. 한국에서 마케팅에 대해서 잘 모르는 상태에서 미국에서 MBA를 마치고 방금 돌아온 사람들이 가끔 콘셉트와 아이디어 간 의미의 차이로 인해 헷갈리기도 한다. 우리나라에서 신제품 개발 시에 활용되는 아이디어라는 단어나 단계는 주로 초기 기획단계에서 타깃 설정과 함께 제시되며 수많은 아이디어 중에서 선택된 극소수의 아이디어만 살아남아 가공되어, 콘셉트화 된다. 콘셉트개발은 상품개발에서 가장 중요한 핵심과정이다.

우리나라의 산업화 초기의 상품개발부터 광고에 이르기까지 일본의 큰 영향이 남아 있어서가 아닌가 한다. 이런 용어들에 대해서 강의한 적이 있는데, 학생들은 우리나라 말에 일본어 잔재를 아직도 남겨 놓은 기성세대들이 한심하다고 했다. 나는 학생들에게 '앞으로 일식당에 가면 사시미, 우동으로 표기한 것을 시켜먹지 말고 숙회, 가락국수로 표기한 것만 시켜 먹으라'라고 한 적이 있다. 사시미와 회는 생선의 살에 열을 가하지 않은 공통점이 있지만 맛과 위생 면에서 많은 차이가 있다. 언어란 사용자가 의미를 부여하는 경우가 많기 때문에 바꾸기가 쉽지 않다.

이 콘셉트는 기존에 실제로 있거나, 있었거나, 혹은 없거나, 없었던 것이 중요한 것이 아니다. 그리고 그 콘셉트가 해당 상품의 기능에 실제로 그렇게나 중요한가 아닌가도 중요하지 않다. 누가 그 콘셉트를 도출했냐 혹은 상품을 만들었냐가 아니라 소비자들이 소중하게 생각하는 것이 있고, 그 소중하게 생각하는 것을 머릿속의 기억상에서 선점한 경쟁자가 있느냐 여부이다.

그다음으로 소비자들에게 소중한 것이 있다면, 소비자들이 아직 생각해 본 적은 없지만 그것이 중요하다고 했을 경우 그들이 쉽게 수용할 수 있어야 하며, 그 중요한 것을 우리가 큰 무리 없이 제공할 수 있느냐 여부이다.

심지어 상대적으로 규모가 작은 경쟁사가 먼저 개발해서 점유했다고 하더라도, 후발 대기업이 엄청난 광고비와 판촉비로 소비자들의 머릿속에 자신들의 자산을 각인시켜 점유하기도 한다. 신제품이 많이 나오는 분야에서 적용된 사례가 많다.

예를 들면 2000년도에 용산 전자상가에서 개발해서 중견 기업에 납품한 모니터의 화면 밑에 있는 목 부분에 하드디스크를 넣어 컴퓨터 본체를 모니터에 집어 넣은 제품을 개발한 적이 있다. 그 기업은 오로지 아이디어밖에 없었기 때문에 중견 기업에 해당 제품을 소개하고 납품하는 ODM으로 얼마간의 이윤을 얻고 있었다. 중견 기업은 그 제품을 가지고 대기업에 납품했다. 뒷날 대기업은 올인원 PC, 혹은 일체형 PC라는 이름으로 개발해서 판매하고 있으며 먼저 개발한 기업의 이름은 대부분의 사람들로부터 잊혔다. 이런 사례는 작은 전자 전기 부품 회사들에서 무수히 많이 찾아볼 수 있을 것이다.

④ 상품 구체화 : 네이밍 및 외관 디자인

상품을 구체화해야 한다. 상품을 구체화한다는 것은 도출된 콘셉트를 가지고 시제품이나 완제품을 만들기 이전에 시뮬레이션 한다는 의미도 포함된다.

이때 외관 디자인과 네이밍이 동시에 고려되어야 한다. 그리고 법률적인 특성들도 동시에 고려되어야 한다. 그래서 상품을 구체화하는 네이밍과 외관 디자인, 법률적 특성을 고려할 경우에는 해당 프로젝트의 수장이 직접 전반적인 상황을 잘 조율해야 한다. 그 이유가 동시에 추진해야 하기 때문이다. 물론 이름을 먼저 짓는 경우가 많지만, 이름을 먼저 짓더라도 디자인으로 구현해서 보완하거나, 혹은 동시에 추진해야 한다.

네이밍은 매우 중요하지만 외관 디자인 역시 네이밍 요소를 잘 뒷받침해 주어야 한다. 간혹 디자인만 가지고 승부를 보려고 하는 경우가 있는데, 디자인과 네이밍은 인간의 뇌에 기억되는 위치가 다르다고 한다. 이름은 중심 블록(Central Memory Block)을 통해 기억되지만 디자인과 같은 것은 주변 블록(Peripheral Memory Block)에 기억된다는 것이다.

이런 연구는 광고학에서 광고의 슬로건이나 카피와 같은 언어적 메시지 정보에 비해, 외관 디자인, 광고의 등장인물, 배경음악 등과 같은 시각적 이미지 정보가 서로 다르게 저장 활용된다는 것에서 밝혀졌다. 이런 연구결과뿐만 아니라 실무적으로도 네이밍이 확정되어야 그에 맞는 디자인이 따라서 나오는 경우를 많이 본다. 상품의 외관 디자인은 먼저 결정하고 네이밍을 하는 경우도 있을 수 있으나, 기본적으로 네이밍이 먼저 되어야 한다.

상품의 네이밍과 외관 디자인이 결정되어 출시했으면 그 방향으로 오랫동안 지속 추진해야 한다. 물론 정말 잘못된 길이라고 판단되면 즉시 중단해야 하지만, 금방 결정했다가, 또 단번에 중단하기는 오래 밀어붙이기보다 더 어려울 수 있다. 즉 조기에 잘못되었다는 판단을 하고, 그 판단에 따라 단호한 결정을 하기가 경영자 혹은 관계자들 모두의 관점에서 볼 때 매우 어렵기 때문이다.

④-1. 네이밍

네이밍이란 이름짓기다. 이름은 해당 제품이 가지고 있는 물리적 특성이나 가고자 하는 방향, 표현하고자 하는 방향과 같은 1차적인 목적을 명확히 해야 한다. 그리고 가급적이면 기존에 있는 자산을 최대한 활용해야 한다. 보통 엔지니어들이나 관리 전문가들은 물리적 특성, 상품이 지향하고자 하는 방향, 혹은 표현하고자 하는 방향 등 1차적인 목적에 집중한다. 물론 이런 방법은 1차적으로 매우 중요한 접근이다. 우리가 알고 있는 많은 의약품의 경우 대부분 원료나 가고자 하는 방향을 중심으로 이름을 지었다. 하지만 좀 더 쉽게 차별화된 이미지를 확보하려고 한다면 기존의 자산을 최대한 활용하는 것이 좋다.

예를 들면 시슬리(Sisley)라는 고가의 화장품이 있다. 프랑스 브랜드로서 우리나라에서 초고가로 판매된다. 유럽에서는 동물시험을 하지 않는 화장품, 친환경 화장품으로 주로 설명한다. 그리고 우리나라에서는 다양한 피부타입에 잘 맞는 화장품으로 접근한다. 그리고 제품명을 프랑스어 혹은 영어의 소리 나는 대로 표기해서 웬만한 프랑스어 실력으로 상품의 뜻을 알기가 쉽지 않다. 예를 들면 휘또 옴

브르 글로우(Phyto-Ombre Glow)이다. 어디에 쓰이는 상품일까? 아마 여성들, 특히 시슬리는 사용하는 여성들만이 알 수 있지 않을까 싶다. 그런데 왜 이런 어려운 말을 사용할까? 어려운 말이 아니다. 제조사의 마케터들은 소비자들이 그냥 '프랑스 제품'이라는 것만 소비자가 알면 된다고 생각하기 때문이다.

이 시슬리 화장품은 항상 파리(Paris)를 강조한다. 그래서 시슬리 파리(Sisley Paris)라고 표기한다. 대부분의 나라는 해당 국가의 이미지보다는 수도나, 해당 국가를 대표하는 대도시의 이미지가 더 높다. 예를 들면 뉴욕, 파리, 런던, 도쿄 등이다. 우리나라 대한민국 역시 국가인 대한민국보다 서울의 이미지가 항상 20% 전후로 더 긍정적이게 나온다. 조사 방법, 조사 대상 등에 따른 차이가 크기 때문에 대략 20% 정도라고 표현한다. 계량조사에서 20%의 차이란 매우 큰 차이이다.

④-2. 외관 디자인

상품의 외관 디자인은 즉시성과 미학적 아름다움을 강조해야 한다. 그리고 경제적인 요소가 동시에 고려되어야 한다. 제조업의 경우 어떤 경우든 초기 설정한 조립 공정에서 1원이라도 더 돈이 들어가는 것을 원하지 않는다. 그리고 장기적으로 공정을 축소 및 단순화해서 비용을 절감하려고 한다. 그래서 위 2개 즉 즉시성과 미학적 아름다움 제공 측면과 경제적 측면이라는 2개의 측면이 항상 상호 충돌을 일으킨다.

외관 디자인은 첫눈에 해당 상품에 대해서 알아볼 수 있도록 강력하게 차별화된 외양을 가지고 있어야 한다. 알아본다는 것은 해당 상품의 포장이 내용물의 수준을 적절히 표현해야 한다는 것이다. 표현의 수준은 상품의 종류와 대상 고객에 따라 매우 다르다. 그리고 같은 상품군에 속한다 하더라도 경영자 혹은 해당 상품의 제작 의도에 따라 매우 다를 수도 있다. 그리고 일회성이라면 매우 특이한 외관 디자인의 사용도 가능하다.

중요한 것은 해당 고객집단이 외면할 수준의 기괴한 차별화가 아닌 호감 가는, 미학적으로 아름다운 차별화여야 한다. 그리고 경제적이어야 한다. 초기에 다소 비싸게 책정될 수도 있으나 장기적으로 소요 비용을 크게 낮출 수 있어야 한다.

⑤ 마케팅 커뮤니케이션 플랜 및 소구 포인트 개발

신상품을 만들면서 언제 출시할 것인지에 따라 광고 홍보 시기를 정해야 한다. 그 시점에 대해서 의견들이 많다. 상품이 매장에 전시가 완전히 된 시점에 광고 홍보를 해야 한다는 측과 신상품이 나오자마자 광고 홍보를 해야 한다는 측의 의견이 다르다.

먼저 '상품이 매장에 전시가 완전히 된 시점에 광고 홍보를 해야 한다'라는 측의 주장을 들어보면 다음과 같다. 먼저 소비자가 광고를 보고, 해당 상품을 사려고 매장을 방문했는데, 해당 상품이 없으면 그 고객은 그냥 가는 것이 아니라 다른 대체 상품을 사 간다는 것이다. 만일 치약이라면 한 달이나 두 달 뒤에 매장에서 만날 기회가 주어지니 돈 들어서 실기를 하는 즉 오히려 해악을 끼칠 수도 있다는 것이다. 그리고 화장품이라면, '그 상품 누가 써요… 그렇게 광고부터 해 대는 것 치고 옳은 것 없어요. 그냥 쓰시던 것 쓰세요'라고 하면서 기존 상품을 판매한다면 그 자리에서 팔지도 못하고, 또 해당 상품을 다 쓸 몇 개월 동안 팔지 못해서 실기도 하고, 또한 해당 상품이 전문가 흉내를 내는 상점 주인의 말 한마디에 이상한 상품이라는 인식을 심어주게 되니 절대로 사전에 광고 홍보를 해서는 안 된다고 주장한다.

한편, '신상품이 나오자마자 광고 홍보를 해야 한다'라는 측의 의견을 들어보면 '고객은 해당 상품을 사려고 다른 엉뚱한 상품을 성급하게 사지 않는다. 며칠 기다렸다가 새로운 상품을 사려고 기다리므로 조기에 광고 홍보를 해야 한다'라고 주장한다. 즉 대기 수요를 창출한다는 말이다. 그리고 '사전에 광고를 충분히 함으로써 이미지를 고양하고, 신비감을 주면서 브랜드력을 강화할 수 있다'라고 주장한다.

위의 두 가지 주장 중 어느 것이 맞는가? 둘 다 각각 매우 타당한 주장이다. 위 두 가지 의견에 대한 접근은 해당 상품의 브랜드력과 해당 상품군에 대한 고객들의 관여도, 그리고 해당 상품을 만드는 제조사의 경세력과 선략에 따라 달라진다.

브랜드력이 약한 상품이면서 관여도가 낮을 경우 위의 전략 중 매장에 깔린 후에 광고 홍보를 하는 것이 맞다. 예를 들면 세탁세제,

주방세제, 중저가의 기초화장품, 식음료 같은 것이다. 한편 관여도가 높으면서도 브랜드력이 강하고, 회사의 경제력이 충분하면서도 회사의 상품전략과 맞아 떨어진다면 개발 중이거나 개발 초기부터 광고 홍보를 해서 대기 수요를 창출시키는 것이 좋다. 예를 들면 휴대폰이나 자동차 같은 것이다. 실물이나 설계도가 실수로 공개되었다는 티저(Teaser) 광고부터 시작해서, 미국 가전 전문전시회 CES와 같은 전문전시회에서의 노출 등을 통해 대기 수요를 창출하면서 브랜드력도 높일 수 있다.

최근 블랙핑크나 BTS처럼 급속히 성장한 K-POP의 광고를 살펴보면, 긴 경우 한 달 이상 티저 광고를 하면서 새 앨범을 발표했다. 호기심을 계속 자극하여 기대감을 올리고 이슈를 만드는 전략의 하나다. 물론 이렇게 사전 반응 확인을 통해 본 앨범을 수정할 수도 있다. 하지만 이럴 경우 광고비 및 앨범 제작 단가가 엄청나게 높아진다. 그래서 상품과 고객층에 따라 '적정 수준'을 찾는 노력을 하는 것이다.

경영에서, 특히 마케팅에서 소구점(소구 포인트, Appealing Point)이라고 하는 것은 해당 상품의 장점을 짧게 나타내는 것을 의미한다. L 기업에서 새로운 휴대폰을 냈다고 치자. 장점이 뭐라고 할까? 디자인이 세련되었다? 전화가 잘 된다?, 메모리가 같은 가격대의 다른 휴대폰에 비해 2배다? 카메라 화소가 더 많다? 무게가 가볍다? 수많은 장점을 열거할 수 있을 것이다. 하지만 고객은, 특히 돈을 가진 독자는 그렇게 긴 시간을 할애할 용의가 없다. 특히 구체적으로 증명하기 어려운 상품일수록 더욱 그렇다. 향수를 예로 들자면, 어떤 객관적인 기준으로 더 좋다고 할까?

한국의 화장품으로 세계적인 명품의 반열에 오른 것이 있다면 아모레퍼시픽의 '설화수'와 LG생활건강의 '더 후'일 것이다. 설화수의 경우 'Timeless Wisdom, Ageless Beauty, 시간의 지혜로 빛나는 아름다움'이라는 슬로건을 사용한다. 소구 포인트는 오랜 기간 검증된 한방 화장품이라는 것이다. 슬로건이 소구 포인트를 간략하고 명확하게 설명해 준다. 다른 명품 한방 브랜드인 더 후의 경우는 '왕후의 피부를 위한 고품격 궁중 브랜드'를 표방하고 있다. 두 브랜드 중 어떤 것이 브랜드 측면에서 사전 기획과 관리가 잘 되어있느냐와 해당 브랜드의 매출이 더 많으냐의 문제는 다르다.

홈페이지만을 살펴봐도 더 후에 비해 설화수가 잘 다듬어져 있다. 그 이유가 whoo.com과 whoo.co.kr의 관리자가 다르며, whoo.com 소유자는 후의 브랜드력을 약화하기 위해 노력하는 집단으로 보인다. 따라서 사전기획적인 측면에서는 설화수가 더 착실하게 준비했다고 볼 수도 있다. 매출액의 희비가 엇갈린 부분은 중국이라는 나라의 변수 덕분인데, 후는 철저히 중국의 부유층에 대해 소구한 것으로 보인다. 상품의 기획 자체의 완성도와 상품 기획 방향의 문제이다. 어떤 브랜드가 너 오래오래 수익을 낼지는 알 수 없지만, 기업의 경영목적이 수익창출이고, 수익창출 측면에서 더 후가 현재 크게 앞서고 있다는 것은 운영능력(Excellent Marketing Action : Brand의 Naming, 출시 Timing의 적절성, 광고-집행의 효과성, 영업전략, 판매 전략 등

운영상 융통성 있고, 기민하게 대응하는 것 등) 측면에서 대단한 일임에 분명하다.

소구 포인트는 상품개발 시에 잘 설정되어 있다면 큰 문제가 없겠다. 그렇지 않으면 개발이 거의 끝난 즈음에 억지로 이것저것 논리와 감성으로 서로를 끼워 맞춰야 하는데, 그렇게 하다 보면 뒤에 리뉴얼 할 때, 혹은 후속 상품을 개발할 때 탈이 난다. 몇 차례는 괜찮지만 더 이상 깊이 들어가다 보면 뭔가 아귀가 잘 맞지 않게 된다.

정해진 소구 포인트를 가지고 전달하려는 메시지를 만들 때 어느 것이 좋은가에 대해 여러 가지 이견이 있다. 즉 원래 소구하고자 하는 내용만 충실하자는 것과 해당 출시 시기의 계절이나 명절 혹은 시기적 특성을 반영하자는 의견이 맞설 때가 있다. 원래 소구하고자 하는 내용에만 충실할 경우 좀 밋밋하게 느껴질 수도 있다. 반대로 계절과 같은 시기적 특성을 반영하자니 본질이 약간 훼손되어 보이거나, 원래 전달하고자 했던 격조 높은 뭔가가 없어지는 것같이 느낄 수도 있다. 그래서 아예 둘 다 동시에 진행하는 경우도 있다. 한쪽에는 원 소구 목적에 충실한 광고물을 싣고, 다른 한쪽에는 계절이나 시기적 특성을 반영하는 광고물을 게재하는 것이다.

위의 두 개 혹은 두 개를 섞은 제3의 방법 중 어느 것이 좋은가에 대한 정답 역시 없다. 다만 해당 브랜드의 전략을 어떻게 가져가느냐에 달려 있고, 그 전략을 벗어난다면 안 하는 것이 좋다는 것이 대체적인 방향이다. 즉 빨리 팔고 적정한 선에서 투자금을 회수하는 수준의 브랜드 전략이라면 계절적 특성을 잘 활용하는 것도 나쁘지 않다. 그러나 중장기적으로 고급스러운 브랜드를 한번 구축하면서 중단기적 이익에 얽매이지 않겠다면 원래 소구하고자 했던 내용만을 전달하는 것이 좋다. 그래야 일관성이 높아지고, 중장기적으로 특정한 고급스러운 이미지를 전달할 수 있다.

⑥ 상품 출시 및 시장반응 파악

최종 상품 생산계획을 잡을 때에 샘플을 가지고 시장의 반응을 측정한다. 노련한 소매 점주들은 대략의 가격대와 디자인, 그리고 USP(Unique Selling Point)라고 불리는 소비자용 소구 멘트를 가지고 해당 상품의 성패를 예측한다. 이에 대한 예측도가 높을수록 우수한 영업망을 확보한 것으로 생각하면 된다. 일례로 2009년도에 애플의 스마트폰을 따라잡기 위해 삼성전자에서 갤럭시라는 신상품을 개발했다. 그리고 샘플을 전 세계에 보내 수요를 예측하게 했다. 그 결과를 집계한 본사 담당자들은 경이에 찬 목소리로 보고를 했다고 한다. 이에 따라 대대적인 생산계획과 광고 홍보 및 판촉계획을 매우 공격적으로 추진했다.

한편 현장에 밝은 영업사원들은 소매 점주들의 의견을 취합함으로써 해당 제품이 시장에서 어느 정도 성공할지를 짐작할 수 있다. 다만 이때 대부분의 소매 점주들이 영업사원들보다 훨씬 더 절실하고, 장삿속이 밝기 때문에 경험이 부족한 영업사원들이 휘둘리기 쉽다. 가끔은 판매 예측치를 최하로 잡아 제조업체들에 좀 더 많은 샘플과 판촉금, 광고 집행, 장려금 등을 달라고 협박하거나 요청하기도 한다.

⑦ 신상품 운영계획 재수립

상품을 출시하고 나면 사내 데이터 분석(출하액, 입점률, 판매율, 지역별, 권역별 특징 등)뿐만 아니라 거래처의 반응과 소비자의 반응을 다각도로 분석하여 사업계획서를 수정하고 개선한다. 이때 상품에 대한 종합적인 분석뿐만 아니라 광고와 홍보 내용, 광고모델, 출시 시기에 대한 분석, 영업점 매장에서의 응대 방법 등 다각적이고 종합적으로 분석한다. 다만 그 깊이와 정도는 회사의 자금 사정과 해당 제품의 회사 내 위상 등과 종합적으로 겹쳐 있다. 특히 소비자 반응조사는 많은 인건비와 예산이 들어가게 되니 이를 적절히 활용하고 통제할 필요가 있다.

사업계획서, 특히 신상품 운영계획서는 종교 경전이 아니다. 언제든지 변경할 수 있어야 하고 시장 상황에 따라 탄력적으로 변경해야 한다. 특히 신상품 운영계획서는 고치라고 있는 것이다. 탄력적으로 유연하게 수정하지 않으면 안 된다. 인터넷 등장 이전에는 3년 정도의 중장기 계획을 잡고, 1년에 한 번 정도 큰 계획을 수립한 후에 필요에 따라 약간의 탄력성을 가지는 것이 보통이었다. 한편, 인터넷을 활용하는 온라인 시장의 경우 때로는 초 단위로 상품의 가격을 달리 책정할 수도 있다. 대표적인 것이 온라인으로 예약하는 국제선 같은 경우이다. 싼 가격대의 비행기 좌석표부터 매진되기 시작해서, 마지막 남은 좌석의 경우 가격이 몇 배로 뛸 수도 있는 시스템이기 때문이다. 온라인이 빠르게 운영계획을 수립할 수 있는 이유는 매우 정확한 시장 및 영업자료를 확보하고 있기 때문이다.

만일 시장의 동향과 영업 현황에 대한 정확한 자료가 마련되어 있다면 이를 바탕으로 합리적인 판단을 할 수 있을 것이다. 합리적인 판단에 따라 신상품 운영계획은 언제든지 변화할 수 있어야 한다. 이런 점에서는 대기업보다 발 빠른 중소기업이 더 유리하다.

3) 광고 홍보 (Advertising and Marketing Communication)

가) 상품 알리기

이 세상에 자사의 상품을 알리려 하지 않는 기업은 존재하지 않는다. 기업의 목표는 이윤추구이며, 이윤을 추구하기 위해 상품을 팔아야 한다. 팔기 위해서는 살 사람에게 자사의 상품을 가장 좋게, 잘 알려야 한다. 이를 마케팅 커뮤니케이션(Marketing Communication)이라고 지칭한다. 즉 자사 상품에 대한 우호적 태도(Attitude)나 자사 상품에 대한 판매(Sales) 증진을 주목적으로 하는 커뮤니케이션 활동이라는 뜻이다. 흔히들 마케팅 커뮤니케이션 활동(Marketing Communications)과 마케팅 활동(Marketing Activities)을 혼동하는데, 그 이유는 마케팅 활동에 대한 정의가 폭넓어서 그런 것이 아닌가 하는 생각을 한다. 때로는 두 개의 매우 다른 활동이 공동으로 마케팅이라는 단어로 시작하기 때문이 아닐까 한다.

엄밀하게 말하자면 마케팅 활동 속에 마케팅 커뮤니케이션이 포함되어 있다고 보면 된다. 일반적으로 마케팅 전문가들이라고 표현한다면 위에서 언급한 D.N.A.(자료 분석능력, 신상품 개발 능력, 홍보마케팅 커뮤니케이션 능력)를 다 가지고 있어야 한다.

본 장에서 다룰 마케팅 커뮤니케이션 활동 중에 광고(Advertisement, Advertising)가 마케팅 커뮤니케이션 활동의 대명사처럼 인지되는 경우가 많은데, 그 이유는 다른 활동에 비해 돈이 많이 들어가고, 그것도 큰돈이 한꺼번에 들어가며, 잘못했을 경우에는 부정적인 효과도 매우 크고, 잘 하면 아주 유용하지만 잘 하기는 어려운 다양한 특성이 있기 때문이다.

마케팅 커뮤니케이션 활동을 현업에서는 광고를 전담하는 부서와, 이를 평가하는 부서, 그리고 브랜드 전반을 관리하는 부서 등과 같은 마케팅 관련 전문가들이 모여 있는 부분과 언론사를 대상으로 홍보를 담당하는 부분으로 크게 양분되어 있다. 그 이유 중의 하나가 전 세계의 상업적 민간 미디어 조직의 구성에서 영향을 받은 것이 아닐까 한다. 즉 언론 방송 등 기존의 미디어 조직은 광고를 담당하는 영업부서와 해당 콘텐츠를 담당하는 부분으로 크게 양분되어 있다. 그 이유가 콘텐츠를 담당하는 곳은 상대적으로 객관적이면서도 가급적 많은 사람들이 흥미를 느낄 수 있는 분야에 대한 내용을 만들어야 할 의무가 있는 반면, 광고를 영업하는 부서에서는 특정 광고주에게 접근해야 하므로 서로의 이해관계가 다른 경우가 많다.

이를 이해 상충 관계(Conflict of Interest)라고 하는데 예를 들면 광고주를 S 전자 대기업이라고 본다면 S 전자에서는 자사의 이미지에 유리한 광고를 하기 위해 시간(Time)이나 공간(Space)을 확보하려고 할 것이다. 이때 동 시간대나 혹은 인접 공간에 자사에 불리한 내용의 기사가 뜬다면 어떻게 될까?

구체적인 예를 들자면, C 신문사 1면에 신상품 출시에 대한 칼라 광고를 실었는데, 그 1면에 해당 회사의 사장이 구속되는 사진이 동시에 게재되었다면 어떻게 될까? 현실적으로 있을 수 있는 상황이지만 그래도 실무를 하는 입장에서는 가급적 피하고 싶은 상황임에 틀림이 없다.

우선 광고주 관점에서 보자. 아마도 해당 회사에서 광고를 담당하는 담당자는 회사에서 그 입지가 크게 좁아질 것이다. 몇 번 이런 일이 반복이 된다면 회사를 그만둬야 하는 경우가 발생할지도 모른다.

한편 언론사 자체적으로 본다면, 광고를 힘들게 유치한 영업부서와 협의해서 다른 면으로 옮기든, 날짜를 조정해 주기를 바랄 것이다. 영업부서가 해당 기업의 광고를 더 이상 수주하기 어려울 수도 있다. 그렇다고 해서 언론사가 광고 못 싣는다고 기사를 포기하기는 어려울 것이다. 이때 바로 현실의 고민이 생기며 이런 경우를 위해서 선진 언론사의 경우라면 내부에서 두 개의 조직을 보다 엄격하게 구분해서 관리한다.

언론사는 독자층의 알 권리 충족을 위해 뉴스를 만들어야 하는 한편, 기업이라는 특성상 이윤을 창출해야 한다. 이런 언론사의 구조에 맞춰 기업에서는 언론사의 영업부 직원을 만나 제작한 광고를 게재하는 마케팅부서와 언론사의 기자를 주로 담당하는 홍보부서가 분리되어 있다.

홍보에는 비교적 고난도의 기교와 순간적인 적절한 순발력이 필요한 판단력을 바탕으로 한 인간적인 신뢰 관계 등이 요구되는데, 대부분의 나라에서는 이를 홍보(PR : Press Release, Press Relation)라고 부른다.

광고와 홍보의 큰 차이는 크게 비용 측면과 표현 내용 측면, 효과 측면으로 구분해 볼 수 있는데, 비용 측면에서 본다면 광고는 유료로 수행되는 것이고, 홍보는 무료 혹은 유료로 수행되는 것이다. 내용 측면에서는 광고란 단 하나의 문자나 표기도 광고주의 마음대로 할 수 있는 반면, 홍보는 최종 문장이나 표현 등은 언론사의 결정에 달려 있다. 효과 측면에서 본다면, 올바로 잘 진행된 홍보는 광고보다 매우 큰 효과를 낼 수 있다. 그 이유는 광고 형태에 비해 상대적으로 독자들이 홍보성 기사에 더 신뢰를 하기 때문이다. 다만 이런 홍보를 하기 위해서는 관련 전문가와 오랜 기간의 많은 노력이 필요하며, 지속적이기 힘들다는 단점이 있다.

한편 광고란 여러 가지 측면에서 필수다. 소비자들은 광고를 보고 상품을 구매하는 경우도 있지만, 광고를 한다는 이유만으로 상대적으로 최소한의 광고를 할 수 있는 기업이라는 신뢰를 가질 수도 있다. 다만 이 역시 관련 전문가의 오랜 경험이 필요한 부분이다.

대형마트에 가 보면 식음료 코너에서 수시로 시식을 하게 한다. 사람과 식재료 및 조리도구를 활용해서 자사의 상품을 알리는 것이다. 직접 사람을 활용하고, 그 비싼 공간을 활용해야 하니 마트 주인에게 돈도 지불해야 하고, 재료비를 감당해야 하니 돈이 엄청나게 많이 들 수밖에 없다. 이런 것에 비하면 TV, 신문, 온라인 미디어를 활용한 광고는 목표 고객 1인당 매출 비용이 상대적으로 저렴하다.

하지만 이런 미디어를 통한 기업의 활동은 기업이나 상품에 대해 알게 해 주고 기존에 가지고 있던 인식의 태도를 바꾸는 것이지, 구매로 직접 연결하는 것은 아니며 상품 간의 차이는 매우 크다. 물론 특정 상품의 경우는 광고만으로 판매를 강화할 수도 있지만 대부분은 그렇지 않다.

또 소비자가 해당 상품에 대해서 아는 것(인지)과 상품을 좋아하는 것(선호)과는 차이가 크며, 상품을 좋아하는 것과 사는 것(구매) 또한 차이가 매우 크다. 그런데 많은 경영자들은 광고와 상품의 구매를 동일시한다. 소비자들의 의사 결정 단계는 생각보다 훨씬 더 복잡하고 복합적이다.

가령 K-POP 음악이라면 미디어를 통해서 듣고 좋아지면 금방 살수도 있지만, 비싼 스포츠카의 경우는 아무리 잘 알아도 여건이 되지 않으면 구입할 수가 없다. 아주 전문기업부터 개인까지도 이 부분에서 많은 혼동을 일으킨다. 즉 해당 상품의 판매에 광고의 영향력이 얼마나 있는지다. 그것을 정확하기 알기는 어렵다.

나) 광고의 성과

광고는 매우 어려운 분야이다. 어렵다는 이유는 널리 알리는 것에 엄청난 돈이 들어가며, 때로는 아주 드물게 적은 돈으로도 알릴 수 있는 돌발 변수가 '항상' 존재한다는 것이다. 그리고 주기적으로 명백한 돌발 변수들이 '발생'한다는 것이다.

즉 평균적으로 100이라는 재화로 100명에게 100을 알렸다면 100이라고 평가하고, 200을 알렸다면 200이라고 보자. 이때 1,000개 기업(혹은 광고)이 있다고 치자. 그중 400개 기업은 위의 평균치와 유사하거나 약간 손해를 보는 95를 알린다. 200개 기업은 평균치에 훨씬 못 미치는 70을 알리고, 100개 기업은 30을 알린다. 심지어 광고주인 자신의 회사에 아무런 이득도 없이 광고비만 손해를 보는 수준이 아닌, 경쟁사만을 도와주는 효율이 –40~-500까지 가는 기업들도 100개쯤 된다. 어떻게 –500이 발생하느냐면, 광고비로(광고를 만드는 데 드는 비용인 제작비용과 광고를 노출할 때 드는 비용인 미디어 비용) 100만 원을 사용했는데, 그 광고로 인해 경쟁사가 400만 원쯤 이미지상의 확고한 이익을 본 경우로 총 500만 원의 손해가 가는 경우다.

어떻게 해서 광고비를 뛰어넘는 큰 손해를 볼 수 있을까? 가장 대표적인 예의 하나가 바로 '고름 우유' 광고이다. 이 광고로 인해 파스퇴르 회사뿐만 아니라 우리나라 전체 우유업계가 큰 어려움을 겪었다.

먼저 파스퇴르 우유의 저온살균 방식은 우리나라 식품 발전을 위해 큰 공헌을 했다고 평가를 받는다. 고객의 니즈를 발견해서 저온살균 우유라는 신상품을 개발해서, 신문 지상을 활용해서 대대적으로 공격적 광고로 대성공을 거뒀다. 그 성공으로 오늘날 명문 사학인 민족사관 고등학교를 만들었다.

그 후에 파스퇴르 사는 자사의 신선함을 강조하기 위해 우리나라 소의 젖(우유)에 고름이 섞여 있다는 광고를 했고, 이 광고 때문에 다른 경쟁회사의 상품뿐 아니라 자기회사의 상품까지 판매를 축소되었다. 즉 상품 이미지에서 카테고리 이미지로 확산하였던 것이다. 소위 우유 파동이 난 것이다. 이 광고로 인해 우유업계 전체가 큰 파동을 겪었다.

한편 100개 기업은 120을 얻고, 80개 기업은 300을 얻으며, 10개 기업은 500을 얻고, 9개 기업은 1000을, 1개 기업은 10,000이 넘는 탁월한 성과를 거둔다. 이 수치는 업계의 전문가들과 실제로 여러 가지 마케팅 관련 설문조사를 수행하면서 파악한 것이다.

대충 전체의 최하위 10%는 광고비 지출액보다 더 큰 손해를 보고, 30%는 광고비의 손해를 보고, 중위 대의 40% 정도는 본전에 약간 못 미치는 수준이며, 20%는 덕을 본다는 것이다. 그중에서 소위 1%는 매우 큰 이득을 본다. 여기서 주의할 것은 아주 엄청난 손해를 보는 경우도 있고, 엄청난 대박을 치는 경우도 있는데 둘 다 항상 바람직한 경우가 아니라는 것이다. 내부적으로는 항상 광고가 대박을 쳐서 상위 0.1% 혹은 1%에 속하기를 바라겠지만 조직 전체로 봤을 경우 항상 좋은 경우는 아니다.

〈광고 노출의 임계치와 성과 획득 구간 파악〉

광고 집행 건수	100 단위를 광고했을 경우	총누적 손익
20	-500	-10,000
30	-100	-3,000
50	-40	-2,000
100	30	3,000
200	70	14,000
400	95	38,000
100	120	12,000
80	300	24,000
10	500	5,000
9	1,000	9,000
1	10,000	10,000
1,000	-	100,000

* 저자가 그간의 경험과 전문가들의 의견을 바탕으로, 독자의 이해를 돕기 위해 임의적인 수치로 작성한 것임

기본적으로 광고를 필요 이상으로 하겠다고 미디어를 사는 경우는 거의 없다. 기업은 적정 수준으로 조정하는데, 광고 등을 통해서 기업 측면에서는 언론에 대한 다양한 정보의 획득 등 부가적인 이익을 취할 수 있다.

매우 큰 손해를 본 경우로 다소 극단적이긴 하지만 고름 우유 광고를 예로 들었다면 다국적 기업 내부에서도 이런 경우가 종종 있다. 예를 들자면 신발로 유명한 한 회사에서 100달러짜리 신발이 있고, 200달러 신발이 있는데, 100달러짜리 신발 광고가 너무 히트를 해서

200달러 신발을 살 사람까지 100달러짜리 신발을 사는 경우가 있다. 이럴 경우를 전문 용어로 자기잠식(cannibalism 카니발리즘)효과로 부른다. 100달러짜리를 사다가 200달러짜리를 사게 만드는 자기잠식은 긍정적일 수 있으나, 반대의 경우는 좋지 않는 경우이다. 그런데 이런 일들이 종종 발생한다.

한편 광고한 기업에는 전혀 도움이 안 되지만, 경쟁사에 큰 도움을 주는 경우는 더더욱 많다. 이런 경우는 정확하게 측정이 안되거나, 해당 카테고리의 1등 기업들에서 종종 확인이 된다. 이런 현상을 먼저 발견한 회사가 콜라 회사다. 모 콜라 회사 내부적으로는 Also Run Effect 라고 부른다고 한다. 2위 기업이 대대적인 판매를 위해 광고를 하면, 2위 상품의 매출은 1% 정도 증가하는데 반해, 가만히 있던 1위 상품은 10% 증가할 때도 있다.

이런 현상을 구체적으로 수치로 확인 가능한 기업은 대부분 1위 기업이다. 2위 기업은 자료나 역량이 부족해서 확인을 못하거나, 실무자가 보고를 안 하고 숨기기 때문에 잘 드러나지 않는다. 한편 2위 기업의 경우 자금도 부족해서 광고나 홍보의 임계치(역치)를 넘지 못해 발생하는 효과이다. 어설프게 치료해서 재발하면 더욱 치명적으로 되는 것과 같이 광고에서도 대충 광고를 하게 되면 경쟁사만 돕게 되는 경우가 많다.

실제로 있었던 일을 바탕으로 잠깐 예를 들어보자. 1990년도 후반의 일이다. 매콤한 라면이 인기가 좋았다. 경쟁사는 매콤한 라면을 개발해서 저녁 10쯤 되는 시간에 TV에 광고를 했다. 그런데 광고를 하지 않은 1위 기업의 매출이 급증했다. 이유를 알아보니 2위 회사 상품이 동네 슈퍼 등 매장에 보급되지 않았고, 광고의 콘셉트나 소구점이 1위 회사와 너무 흡사해서 1위 회사 상품을 사다가 먹은 것이다. 즉 2위 회사는 광고를 해서 경쟁사인 1위 회사의 매출만 올려 준 경우다.

다) 전통 미디어와 온라인, 미디어 선택하기

세계적으로도 유명하고, 촉망받는 사업군이면서도 한국의 젊은이들이 가장 일하고 싶어 한다는 외국 기업 중의 하나인 페이스북, 구글은 거대한 미디어 회사이다. 여기서 미디어 회사라고 말하는 이유는 한국에서 인터넷이 본격화되기 이전인 1980~1990년대 신문이나 TV, 잡지와 같은 역할을 하는 회사라는 의미이다. 이들 미디어 회사들의 가장 큰 수익원은 바로 광고이다. 광고에 대해서 우리가 짜증을 낼 때도 있지만 광고는 많은 순기능도 가지고 있다. 독자의 관점에서 보면 과소비를 부추기거나 시간을 낭비해야 하는 부작용 등이 있기는 하지만, 광고 덕분에 미디어를 무료나 저렴하게 활용할 수도 있고, 또한 새롭거나 유익한 정보를 무료로 혹은 저렴하게 얻을 수도 있다.

인터넷 등장 이전에는 TV, 신문, 라디오, 잡지의 4대 매체를 ATL(Above The Line)이라고 지칭했으며, 그 이외에 입간판, 포스터 등을 BTL(Below The Line)이라고 불렀다.

그러다가 2000년대 전후로 인터넷의 등장으로 검색엔진 포털과 같은 새로운 미디어가 등장했고, 2010년도 전후를 기점으로 모바일이라는 소위 스마트폰이라는 이동형 무선 인터넷을 활용한 컴퓨터가 등장했다. 동시에 인터넷TV, 케이블TV, 위성TV 등의 등장으로 수백 개의 채널에 보급되었다. 아마 몇 년 안에 또 다른 미디어가 등장할 수도 있을 것이다.

매체별 총광고비 규모 (단위 : 억원)

구분		광고비				구성비		성장률 (2000년 대비)
		2000	2010	2011	2012	2000	2012	
지 상 파 방 송	지상파TV	20,687	19,307	20,775	19,307	35.34%	19.76%	7.00%
	라디오	2,503	2,565	2,604	2,358	4.28%	2.41%	−6.00%
	계	23,190	21,872	23,379	21,665	22.17%	22.17%	−7.00%
인 쇄	신문	21,214	16,729	17,092	16,543	36.24%	16.93%	−22.00%
	잡지	1,634	4,889	5,236	5,076	2.79%	5.20%	211.00%
	계	22,848	21,618	22,328	21,619	39.03%	22.13%	−5.00%
4대매체 합계		46,038	43,490	45,707	43,284	78.65%	44.30%	44.30%
뉴 미 디 어 계	케이블 (SO 포함)	1,736	10,239	12,405	13,873	2.97%	14.20%	699.00%
	IPTV (′06 기준)	114	205	170	235	0.19%	0.24%	106.00%
	스카이라이프 (′04 기준)	31	153	122	130	0.05%	0.13%	319.00%
	DMB (′06 기준)	19	271	267	168	0.03%	0.17%	784.00%
뉴미디어계		1,736	10,868	12,964	14,406	2.97%	14.74%	729.84%
인터넷 (모바일 포함)		1,360	15,475	19,160	21,640	2.32%	22.15%	1491.00%
옥외		7,227	7,494	8,448	9,105	12.35%	9.23%	26.00%
4대매체,인터넷 광고제작 · 기타		2,173	8,881	9,327	9,269	3.71%	9.49%	327.00%
총계		58,534	86,207	95,606	97,706	100.00%	100.00%	

자료 : 제일기획(각 년도), 방송산업실태조사보고서(각 년도)
출처 : 광고업 시장분석, 공정거래위원회 한국공정거래조정 원 2013

신규 미디어(New Media)의 등장으로 인해 기존 전통 미디어(혹은 Old Media)의 광고 비중도 줄어들었고, 광고수주액 자체도 줄어들었으며, 그 효과도 과거에 비해 많이 떨어졌다. 새로운 많은 미디어의 등장으로 인해 전체 국민에게 알릴 수 있는 통합적 미디어의 영향력이 점차 약해지고 있다. 1990년도 이전에 TV 방송이 KBS와 MBC만 있었을 경우에 두 방송국에만 광고를 하면 거의 전 국민에게 알릴 수 있었다. 하지만 지금은 TV를 통해서 공중파와 케이블, 인터넷 TV 등 볼 수 있는 채널 수가 몇백 개가 넘는다. 게다가 모바일 등등 매우 다원화되어 있어 적정한 미디어를 광고매체로 선정하는 것 또한 더욱더 세분화 및 전문화되어 가고 있다. 이를 전문 용어로 미디어 믹스(Media Mix)라고 부르기도 한다.

아래의 표는 2000년부터 2015년까지 5년 단위로 나타낸 공중파 TV 프로그램의 시청률과 광고 시청률에 대한 자료이다. 우리나라에 인터넷이 획기적으로 보급되기 시작한 2000년도와 스마트폰이 보급되기 시작한 2010년, 그리고 인터넷과 스마트폰의 보급이 완료된 시점으로 보이는 2015년에 대한 자료이다. PUT란 개인 시청률[3])을 의미한다. 인터넷의 보급확산과 스마트폰의 보급 등으로 인해 개인 시청률은 3/4 정도 수준으로 감소했으나, 프로그램 시청률은 1/4 수준으로 떨어졌다. 이에 따라 광고 시청률 역시 1/4 수준으로 떨어졌다.

---

3) 가구시청률 (HUT · House Using Television) 개인 시청률 (PUT · People Using Television)

연도별 PUT, 프로그램 시청률, 점유율 및 광고 시청률의 변화 (남녀 20~29세)

	Year	2000	2005	2010	2015	F
	N	932	940	981	1,131	
PUT	PUT	21.0	18.7	16.9	15.2	117.78**
	표준오차	0.29	0.24	0.21	0.19	
프로그램 시청률	시청률	4.9	3.5	2.3	1.2	382.61**
	표준오차	0.13	0.09	0.06	0.03	
점유율	점유율	23.5	19.7	16.3	11.5	310.21**
	표준오차	0.34	0.31	0.30	0.23	
광고 시청률	시청률	3.3	2.3	1.5	0.8	496.39**
	표준오차	0.08	0.05	0.04	0.02	

* 조정식, 김다정(2017). 다매체 환경에서의 TV 광고 노출 효과 변화. 한국광고홍보학보, 19(1),136-179.
** 참고로 논문 내용상 29세가 아닌 39세로 보인다

일반적으로 광고는 상품광고와 기업광고로 나눌 수 있는데, 상품광고는 상품 자체에 집중한다. 이때 해당 상품을 이미지로 드러낼 수도 있고, 기능적으로 드러낼 수도 있다. 반면 기업광고는 기업 전체의 이미지를 나타내는 것에 주력한다.

상품광고이든 기업 이미지 광고이든 누가 어떤 환경에서 보느냐에 따라 표현 내용이나 방법이 달라지게 마련이다. 즉 목표 고객에 맞춰서 내용을 정해야 한다.

최근 인터넷을 활용해서 특정 상품을 검색하고 나면, 해당 상품에 대한 즉각적인 광고가 등장하는 것을 많이 경험을 했을 것이다. 예를 들어 제주도에 대한 항공권을 검색하고 나면, 제주도의 펜션이나 호텔에 대한 홍보성 광고를 페이스북이나 구글 등에서 자주 접하게 된다. 이런 즉각적 가격 노출의 효과성에 대해서 의문을 제기하기도

하지만 과거 막연한 이미지 전달에 비해 훨씬 매출과 직접 관련이 된다. 다만 광고라는 메시지의 특성상 고객이 해당 상품을 즉각적으로 선택할 확률이 높지는 않다. 상품의 종류와 시기 등에 따라 매우 다르게 나타나지만, 소비자는 기본적으로 해당 정보를 기반으로 다른 정보를 또 찾게 된다.

예를 들자면 제주도의 한 펜션 광고를 보고 해당 펜션의 위치나 구조, 시설의 특징과 가격을 살펴본 뒤, 그 정보를 기반으로 해서 다른 사이트 등에서 관련 정보를 구해서 종합적으로 판단한다. 이때 처음 접한 광고는 다른 상품을 비교 분석하는 데 하나의 기준이 될 수 있다.

최근 많은 자료에서 공통으로 나타나는 현상이 글로벌 기업들의 약진이다. 즉 온라인을 바탕으로 한 글로벌 기업의 등장이다. 대표적인 것이 구글과 페이스북이다. 기존에 아주 좋은 광고자리로 알려진 공항 옆 등의 옥외광고는 점점 입지를 잃고 있다. 그 이유는 과거에는 공항을 오가거나, 공항에서 대기할 때, 신문을 사서 보거나 주변 경관을 구경했지만 지금은 대부분의 사람들이 스마트폰을 들고 다니면서 창밖을 보거나 하지 않기 때문인 경우도 있고, 다른 한편으로는 기업들이 인터넷과 같은 신규 매체에 광고를 하다 보니 상대적으로 효과가 떨어지는 부분에서 광고를 하지 않기 때문이다.

(1) 최근 광고 통계, 11조 원, 그중에서 페이스북이 얼마나 가져가는가?

즉 광고가 먹여 살리는 분야가 매우 많고, 그 범위가 확대되고 있으나, 대상기업 수는 축소되고 있다. 바로 글로벌화의 빠른 진행과 온라인 미디어의 등장 때문이다. 신문, TV와 같은 전통적 미디어 회사들의 성공 열쇠는 기사가 좋고, 내용이 재미있어야 했다. 하지만 요즘 온라인 미디어 회사들의 성공 열쇠는 정보통신 사용상의 기술적 편리함과 정확함과 같은 기술적인 측면에 있다. 콘텐츠는 자가 발전하거나, 다른 곳에서 빌려온다.

사전을 하나 만든다는 것은 지난한 일이었다. 엄청난 고급인력이 동원되고, 많은 시간이 필요하다. 게다가 이를 편찬하려면 역시 많은 돈이 든다. 그렇다고 수익성이 그다지 높은 것은 아니었다. 그런데 인터넷은 이런 문제를 한꺼번에 해결했다. IT 사업들은 각 국가의 대표적인 사전을 한두 개 구매해서 그 내용을 온라인에 올렸다. 그리고 그 번역이 거의 자동으로 이뤄질 수 있도록 해 놨다. 여기서 놓치지 말아야 할 것은 과거에는 많은 회사의 다양한 형태의 사전(콘사이즈, 포켓 사이즈 등등)이 존재했다면 요즘은 거의 한두 개 회사로 굳어진 상황이다.

글로벌화에 따라 전 세계가 평평해짐에 따라, 모든 영역에서 한두 개의 선두 주자만 살아남는 현실은 미디어 시장도 예외가 아니다. 아마존, 페이스북, 구글은 전 세계의 미디어 시장을 통합하면서 가장 쉽고, 수익성이 높은 광고 홍보 활동의 수익을 내는 중이다.

그럼 어떻게 미디어를 잡을 것인가? 각 미디어마다 독자층이 다르다. 신문을 보더라도 경제면을 보는 사람과 사회면을 보는 사람이 다르듯 말이다. '요즘도 신문 보는 사람이 있냐?'라는 말을 하는 사람이 있을지 모르지만 그래도 많은 언론들은 과거에 비해 급여를 줄이는 등의 방법으로 스스로를 슬림화하면서 변화해 가는 세상에 적응하고 있다. 제일기획의 자료를 보면 인쇄와 방송 모두 광고 비중이 줄어들고 있고, 디지털 분야가 성장하고 있음을 알 수 있다.

2017 - 2018년 매체별 총 광고비 (단위: 억 원, %)

구분	매체	광고비(억)		성장률(%)		구성비(%)	
		2017년	2018년(F)	2017년	2018년(F)	2017년	2018년(F)
방송	지상파 TV	15,223	15,965	-12.1	4.9	13.7	13.8
	라디오	2,785	2,850	-8.4	2.3	2.5	2.5
	케이블/종편	18,376	18,956	5.2	3.2	16.5	16.3
	IPTV	915	1,029	8.2	12.5	0.8	0.9
	기타(위성, DMB 등)	2,004	2,062	10.5	2.9	1.8	1.8
	방송 계	39,303	40,862	-2.9	4.0	35.3	35.2
인쇄	신문	14,056	13,850	-4.5	-1.5	12.6	11.9
	잡지	3,438	3,400	-9.1	-1.1	3.1	2.9
	인쇄 계	17,494	17,250	-5.4	-1.4	15.7	14.9
디지털	PC	16,245	16,600	-0.8	2.2	14.6	14.3
	모바일	22,157	24,710	27.0	11.5	19.9	21.3
	디지털 계	38,402	41,310	13.5	7.6	34.5	35.6
OOH	옥외	3,392	3,400	-3.4	0.2	3.0	2.9
	극장	2,280	2,400	1.3	5.3	2.0	2.1
	교통	4,352	4,700	0.5	8.0	3.9	4.1
	OOH 계	10,024	10,500	-0.7	4.8	9.0	9.1
제작		6,072	6,080	-5.5	0.1	5.5	5.2
총계		111,295	116,002	1.8	4.2	100.0	100.0

제일기획

라) 미디어 활용을 위한 팁 3가지

미디어를 활용하는 3개의 골든 룰(Golden Rule)을 소개한다. 이런 골든 룰은 전통적인 광고대행사나 대기업에서 선호하지 않는 것이다. 만일 광고마케팅 자금이 매우 많다면 아래의 골든 룰을 따르지 않아도 된다. 아래의 룰은 아주 작은 기업부터 광고마케팅을 처음 시작하는 기업에 유리한 것이다. 3개의 골든 룰이란, ① 특정 미디어를 지배하는 것 ② 해당 미디어의 독자에게 완전히 노출되고 이슈가 될 수 있도록 할 것 ③ 그 결과가 인터넷에서 검색될 수 있도록 할 것이다.

특정 미디어를 지배하라(Dominate Single Media)라는 말은 매우 중요한 의미를 지닌다. 우선 여기서 특정 미디어란 여성지 혹은 월간지 등과 같은 잡지도 될 수 있고, 길거리의 옥외광고도 될 수 있겠다.

가령 조선일보, 중앙일보, 동아일보(이를 조중동이라 칭하자)와 한겨레와 경향신문(한경이라 칭하자)의 독자층이 전혀 다르다고 한다면, 그래서 특정 정치적 성향 집단이 한쪽을 선호하고 다른 쪽을 선호하지 않는다면 어떻게 하는 것이 좋을까? 조중동과 한경 5개 언론사에 한 번씩 내는 것과 하나의 신문에 5번 내는 것 중 어느 것이 효과적일까? 상품의 종류와 특성, 미디어 노출 방법 등에 따라 다를 수도 있지만, 일반적인 상품광고(예 : 화장품, 혹은 청량음료 등)라고 한다면 하나의 신문에 5번 내는 것이 더 강력한 효과를 발휘한다는 것이다.

특정 고객을 타깃팅(Targeting)하는 글로벌 온라인 미디어의 타깃팅 알고리즘도 이 이론을 바탕으로 해서 짜여 있다. 예를 들면 축구 뉴스를 좋아하는 독자층을 고객으로 가지고 있다고 치자. 그러면 각 언론사의 스포츠면 지면에만 지속 광고하면 어떨까? 아니면 해당 한글로 된 모든 축구 온라인 뉴스 밑에 해당 광고를 넣으면 어떨까? 어느 것이 비용이 더 싸게 치일까? 현재로서는 온라인 뉴스의 광고가 훨씬 싸게 치인다. 네이버나 구글을 이용할 때, 이미 우리는 우리의 나이를 밝혔고, 사는 위치를 밝혔다. 사는 위치나 이동 공간 자체가 그 사람의 경제적 사회적 지위를 나타낸다. 그래서 구글이나 페이스북, 네이버는 개인의 위치 정보를 매우 중요하게 다룬다.

아래 예시는 2020년도 페이스북 광고이다. 페이스북을 하다 보면 동일한 광고가 나올 때가 있다. 이때 광고 보기를 거부한다면, 광고를 숨기는 이유가 6가지 정도 나열되고 그중에 하나를 누르게 되어 있다. 그리고 광고가 표시되는 이유를 구체적으로 알아볼 수도 있게 되어있다.

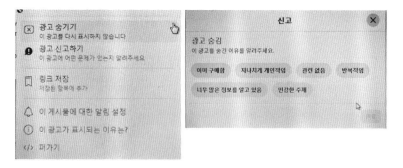

페이스북에서 촬영

마) 광고의 성과 측정

아래 표는 2020년도 기준 인도네시아의 온라인 인플루언서 유형별 특성을 정리한 것이다. 인플루언서(influencer)의 유형을 크게 3가지로 구분하고, 각각 유형별 마케팅 목표와 핵심 성과지표 등을 정리하였다. 팔로워 숫자와 도달자 수의 범위 혹은 노출횟수, 제작비용 등은 대상 국가의 크기와 경제적 지표(해당 국가의 GDP, 소비자물가 등 등), 그리고 화장품, 가전제품 등으로 구분되는 상품 카테고리 특성에 따라 다르겠지만 인플루언서 유형별 팔로워에게 미칠 수 있는 영향력을 개괄적으로나마 구분하고 그에 따른 광고목표, 광고비용 등을 설정하였다.

하기 표에서 확인할 수 있는 것처럼 많은 팔로워를 거느린 메가 인플루언시를 선정할 것이냐, 아니면 마이크로 인플루언서를 활용할 것이냐는 해당 상품의 특성과 기업의 마케팅 목표, 해당 브랜드의 현재 위치 등에 따라 달라질 것이다.

인도네시아의 인플루언서 유형 구분과 유형별 특성

구분	파라미터	메가 인플루언서	매크로 인플루언서	마이크로 인플루언서
1	팔로워 수	100만 이상	10만~100만	1천~10만
2	참여율	5% 이하	5-20%	25-50%
3	도달자 수(Reach) 혹은 노출횟수(Impression)*	대 (35만 전후)	중 (25만 이하)	소 (1만5천~3만5천)
4	활용 비용	비싸다	중간	싸다
	스토리 작성(USD)	306 달러	153~266 달러	106 달러
	사진 촬영(USD)	633 달러	306~480 달러	173 달러
	비디오(USD)	873 달러	513~820 달러	366 달러
5	상품 서비스 보증 수준	최소	중간	최대

구분	파라미터	메가 인플루언서	매크로 인플루언서	마이크로 인플루언서
6	마케팅 전략의 목표	브랜드 인지도 강화	상품 관심도 제고	전환율**
7	핵심성과 지표	노출 수/도달자 수	참여율과 뷰(view)	클릭 및 전환율

* 추정치
**광고 노출 후 제품 구매자 수

코트라 자카르타

바) 온라인 미디어에서 해야 할 일

온라인 미디어를 활용하고 관리하는 것은 기업들의 중요한 마케팅 커뮤니케이션 활동이 되었다. 엄청난 시간이 들어가야 하고, 온라인의 속성을 정확하게 알아야 한다. 같은 사람이라도 온라인에서 보이는 행태는 오프라인에서의 행태와 전혀 다르다고 봐야 한다.

우리나라에서 온라인 화장품 판매로 꽤 유명한 회사의 창업자를 만날 수 있었는데, 우수한 직원의 자질로서 어떤 것이 필요한가를 물어본 적이 있다. 원래 기대했던 답은 창의적인 인간형인지, 성실한 인간형인지, 혹은 제품에 대해서 잘 아는 사람인지 등을 묻고 싶었는데, 그는 단 1초도 망설임이 없이 '인간의 온라인 이용에 대한 습성을 잘 아는 사람'이라고 정의했다. 그리고 '나이 40이 넘는 사람은 절대로 이해할 수 없는 영역'이라고 잘라 말했다. 그러면서 요즘 온라인 마케팅 세계에서 어떤 일이 벌어지고 있는지를 설명했다. 물론 짧은 대화 시간이었고, 깊이 토론하기 위한 시간은 아니었지만 내가 기대했던 답과는 전혀 다른 대답이어서 살짝 당황했다.

세계 1위 생활용품 회사인 **P&G**가 **SK-II** 화장품을 인수할 당시 **P&G** 내부에서는 다음과 같은 이유로 화장품 사업에 접근했다. ① 생활용품 사업은 전 세계적으로 이제 성장 정체기이다. 새로운 활로가 필요하다. ② 우리가 가진 핵심 역량은 고객인 여성에 대한 이해가 높고, 광고를 잘 하고, 브랜드를 잘 관리한다. ③ 우리의 핵심 역량으로 조기 진입이 가능한 장래가 밝은 사업 분야는 화장품이다.

그래서 나는 위와 같은 분석이나 유형의 이야기를 듣고 싶었는데, 가장 중요한 것이 온라인 사회에서의 행태에 대한 이해라고 이야기한다. 다른 몇몇 화장품 판매를 하는 사람들을 만나서 물어본 결과 모두 유사한 응답을 한 것이다.

유발 하라리라는 천재적인 미래 과학 소설 작가가 쓴 '21세기를 위한 21가지 제언'에 따르면 온라인 홍보의 핵심은 구글 검색이라는 것이다. 그는 '책을 출간할 때마다 출판사는 온라인에 홍보할 짧은 글귀를 써 달라고 부탁한다. 하지만 출판사 내에는 그 분야의 특별한 전문가가 있어서 내가 써 준 것을 구글 알고리즘의 취향에 맞게 다듬는다. 그 전문가는 다음과 같이 말한다. 이 단어 대신 저 단어를 쓰세요, 그러면 구글 알고리즘에 더 주목받아요.'라고 그의 책에서 언급했다. 즉 온라인을 잘 이해하고 온라인에 맞게 하는 것이 얼마나 단정적으로 말하는 지 알 수 있다. 그의 책에 쓴 내용이나 전개방식에 **100%** 공감하지는 않는다. 하지만 그의 뛰어난 판매 부수와 마케팅홍보 활동은 인정해야 한다.

한편 온라인 홍보의 특장점 또한 매우 많다. 1990년대 온라인 미디어의 전송 용량은 요즘에 비하면 볼품이 없었다. 당시에는 그렇게 저급한 화소의 광고물을 내보내는 것 자체가 상품의 이미지를 손상하는 것으로 생각했다. 하지만 지금은 통신환경이 매우 다르다. 매우 높은 화소의 이미지와 동영상을 실시간으로 제공할 수 있다.

한국인들이 들으면 뻔한 이야기가 될 수도 있겠지만 다른 나라로 눈을 돌려 보면, 세계 최고 속도의 인터넷 망을 가진 한국의 현재의 모습이 장점이 될 수도 단점이 될 수도 있다는 것을 알아야 한다.

먼저 현재 한국과 같은 통신환경에서의 온라인 광고 홍보의 장점은 다음과 같다.

1) 광고주가 원하는 고객에게 보다 정확하게 다가갈 수 있다. 기존 미디어의 엄선되지 않은 다수의 잠재 고객층에 대한 접근인 Broad Communication이 아닌, 목표 고객층(Target)에 대한 정밀한 접근인 Narrow Communication이다.

2) 광고물 자체에 대한 완성도 평가 시간이 대폭 빨라졌다. 과거의 한두 달이 걸리던 것에서 몇 시간 만에 파악이 가능하게 된 것이다. 과거 전통 미디어의 경우 광고가 한번 나가면 고객의 반응을 살피고, 문제점을 개선해서 새로 제작해야 하는데 이때 걸리는 시간이 최소 1달 이상 걸렸다. 즉 고객의 반응을 제한된 실험실이 아닌 공개된 사회에서 파악하기에는 노출되는 시간 및 그

광고물에 반응하는 고객의 특장점을 파악하는 시간, 그 파악된 바를 반영하여 재가공 해야 하거나, 다시 제작해야 하는 시간 등 등 아무리 전문 집단이라고 하더라도 한 달은 족히 걸렸다. 하지만 이제는 며칠, 몇 시간대로 빨라졌다. 심지어 몇십 분이면 파악해서 수정하는 것도 가능하다.

3) 매출강화 측면에서의 광고홍보물 노출 정도와 효과는 즉각 파악할 수 있다. 광고홍보물이 대중 노출을 통한 효과는 크게 이미지 개선 측면과 매출강화 측면으로 구분할 수 있는데, 이미지 개선 측면은 오랜 시간이 걸리고, 온라인으로 즉각적인 파악이 어렵다. 하지만 매출강화 측면에서의 노출은 그야말로 즉시 반응 수집이 가능하다. 즉 광고홍보물을 본 고객의 해당 상품에 대한 구매 여부를 즉각 파악할 수 있기 때문이다. 일례로 인터넷에서 시설 좋은 휴양 호텔의 방을 판매한다고 했을 경우, 어떤 문구, 어떤 사진, 어떤 문장을 넣으면 더 반응이 좋은지, 어떤 온라인 매체 즉 구글이 좋은지 네이버가 좋은지 등은 즉각 반응 파악이 가능하다. 이는 기존의 전통 미디어에서 전혀 상상할 수 없던 기능이자 속도이다.

한편 현재 한국과 같은 통신환경에서의 온라인 광고 홍보의 단점은 다음과 같다.

1) 바로 위에서 언급한 바와 같이 광고 홍보의 목적이 즉각적인 매출인 경우가 아닌, 이미지 개선일 경우, 즉 고급브랜드화를 지향

할 경우에는 아직도 미흡한 점이 있다. 가장 큰 이유의 하나가 해당 미디어의 접촉 상황이다. 즉 편안한 휴식시간에 잘 인쇄된 잡지나 책자를 읽으면서 접하는 정보 혹은 영화를 보기 위해 휴대폰을 끄고 조용히 집중해 있는 경우에 접하는 광고홍보물과 내가 급하게 필요한 정보를 찾기 위해서 정신없이 서핑할 때 접하는 정보는 인지적 측면에서 완전히 다르기 때문이다.

2) 한국의 빠른 인터넷 환경이 다른 나라에 대한 통신환경을 이해하거나, 활용하는 데 방해가 된다. 한국에서 만든 동영상물이 조금만 통신환경이 좋지 않은 나라에서는 구현이 안되는 현상이 많다. 회사 홈페이지에 한국이라는 빠른 인터넷 환경에서만 구현될 수 있는 큰 용량의 영상을 넣어 놓는다든가, 회사소개자료, 제품소개자료 등을 이메일로 보내면서 엄청난 용량으로 보내서 상대방 측에서 아예 접근을 못하는 경우도 수없이 봐왔다. 해당 국가의 통신환경에 대한 이해가 우선되어야 한다.

3) 그리고 특히 우리나라가 주로 진출하려고 하는 저개발 국가의 경우 아직도 한국이나 글로벌 상징체계와는 매우 다른 상징체계를 가지고 있다. 극단적인 일례로 미국에서 좋다는 의미로 사용되는 'OK 사인(아래 그림)'이 우리나라에서는 '좋다 혹은 돈'을 상징하며, 일본에서는 '돈'을 주로 상징하고, 브라질에서는 '욕'이다. 한편 다른 대부분의 나라에서 나쁜 욕의 의미로 사용되는 상징이 브라질에서는 행운의 상징으로 사용된다. 인

터넷이라는 환경은 거침이 없이 전 세계로 퍼져 간다. 특정 국가만을 대상으로 커뮤니케이션 할 수가 없을 때가 많다. 항상 글로벌 마인드로 확인하고 검토해야 한다.

[한국]
'좋다' 혹은 '돈'
(현금 혹은
비밀스러운 돈)

[미국]
'좋다'

[일본]
주로 '돈',
때로는 '좋다'

[브라질]
'나쁘다'
(엿 먹어라!)

같은 손 모양이라도 손의 위치와 국가에 문화에 따라 의미가 다르다.

이탈리아 밀라노 증권거래소 앞의
조각 : 마우리쪼 까텔란(Maurizio
cattelan)의 L.O.V.E. 라는 작품으로
이탈리아 자본주의를 조롱한 것이다.

브라질의 조각 Mão de Figa. 행운의 상징이다
(https://lucky-charms.org/brazil-Mão de Figa)

위에 제시한 온라인 광고홍보물의 장단점은 간단히 현장의 측면
에서 기술한 것이므로, 참고 사항으로 활용하기 바란다. 즉, 위에 언
급한 것보다 훨씬 더 많은 장단점이 있다.

제3부

국가, 브랜드, 기업

가. 국가 브랜드

'국가 브랜드'라는 단어는 많은 이슈를 불러일으켰다. 국가의 명칭이 상품의 브랜드처럼 인식된다는 말에 동감하면서도 거부감을 나타내는 사람들이 있다. 이에 대해서 기존의 논의에 따른 함의는 '국가 즉 제조국가에 대한 인식을 일반 제조 기업의 상품 브랜드와 같은 인지 체계로 인식하는 사용자에 의해서 정의된다는 측면'에서 국가 브랜드라는 개념을 강조한다.

국가와 기업과 브랜드의 공통점은

① 그 이름이 내용을 규정한다는 것이다. 즉 외관이 내용물이나 내부를 정의해 버린다.

② 알고 있는 국가와 기업과 브랜드는 평가의 대상에 포함된다. 하지만 모르는 국가와 기업과 브랜드는 평가의 대상에 포함되지 않는다. 평가의 대상에 포함된다는 것은 포함되지 않는 것보다 유리할 때가 더 많다. 특히 해당 상품의 특질이 인체와 인품에 미치는 영향이 클수록 중요도는 더 커진다. 즉 관여도가 높을수록 이름의 가치가 더 중요해진다.

③ 바로 옆에 있거나 유사하면 덕을 볼 때도 많다. 초기에는 가급적 다른 좋은 브랜드력을 활용하는 것이 좋다. 예를 들면, 거리 이름, 지명, 국가명, 디자이너 이름, 사용자 이름, 사용처 이름 등등이다.

④ 하루아침에 얻어지는 것이라면 하루아침에 잃을 수도 있다. 즉 같은 명예라 하더라도 오랜 시간에 걸려 얻은 브랜드적 명예와 급조하여 얻은 브랜드적 명예는 다르다. 오랜 시간이 걸려서 얻었다는 것은 내용(콘텐츠)의 특성이 뒷받침해 준다는 뜻이며, 콘텐츠의 특성이 충실히 반영될 때 쉽게 흔들리지 않는다.

⑤ 기업이 상품의 브랜드를 바꿀 수 있듯이 제조국가의 브랜드를 바꾸거나, 바꾸는 것과 같은 효과를 얻을 수도 있다.

⑥ 기존 유력 브랜드 혹은 이미지를 활용하는 순간, 장점도 있지만 단점도 동시에 발생한다. 신규 개별 상품이 모기업의 브랜드력이나 제조국가, 원산지의 이미지를 등에 업고 출시된다면 초기 판로가 쉬울 것이다. 하지만 모기업이나 제조국가가 주는 브랜드적 가치 수준을 뛰어넘기가 어려울 것이다.

국가 브랜드에 대한 몇 가지 질문에 대한 답은 다음과 같다.

문 1) 제조 국가명은 상수인가 변수인가? 즉 제조 국가명의 한계를 극복할 수 있나? 있다면 어떤 방식으로 가능한가?

- 현실적으로 상수이지만 변수로 만들 수도 있다. 예들 들면 애플이나 삼성 휴대폰을 중국산이나 베트남 산으로 생각하지 않는다.

- 제조 국가명의 한계를 극복하기란 쉽지 않다. 모든 사람들은 아니지만 많은 사람들이 어느 나라에서 만든 것인가에 많은 신경을 쓰고 있다.
- 예를 들자면, 평상시에는 큰 문제가 되지 않지만, 이슈가 발생했을 때, 큰 이슈가 될 수도 있다. 즉 "역시 XX 나라 제품이란"이라는 말을 듣게 된다.

문 2) 한국 국가 브랜드 가치는? 한국기업에는 한국이라는 국가 브랜드의 가치는 축복인가 올가미인가?

- 진출을 목표로 하는 나라마다, 그리고 상품마다 다르다. 다만 대부분의 중소기업에는 한국의 국가 브랜드가 없는 것보다는 있는 것이 낫다.
- 가격대와 고객 대에 따라 다를 수 있지만, 그래도 국가 브랜드가 있는 것이 유리하다.
- 예를 들자면, "우리 패션 제품의 고객과 제품 수준 및 가격은 세계 최고수준이다. 따라서 한국이라는 국가 브랜드는 도움이 되지 않는다"라고 말할 수도 있다. 하지만 해당 브랜드가 글로벌 브랜드로서의 독보적인 소비자 심리 속 위치(Mind Positioning)를 점하지 않는 한 한국의 국가 브랜드가 더 도움이 될 것이다.

문 3) 한국이라는 국가 브랜드를 떼고 독자 브랜드로 성장하고 싶은데, 어떻게 하면 좋은가?

- 가능하다. 천천히 지속해서 시작하면 좋다. 하지만 그 브랜드의 가치가 국가 브랜드의 가치보다 압도적이어야 한다. 그리고 다른 차별화 포인트가 있어야 한다.
- 해당 상품에 대한 인식이 해당 상품의 원산지보다 훨씬 강력하고 차별화되어 있다면 좋을 것이다.
- 예를 들자면 독일의 몽블랑(Mont Blanc), 알프스(Alps)나 나이키(Nike)와 같은 글로벌 브랜드를 잘 살펴보라.

나. 몽블랑(Mont Blanc) 이름의 의미와 유래

1) 몽블랑의 실체에 대해서

몽블랑(Mont Blanc)은 몽(mont)이라는 산을 의미하는 단어와 블랑(blanc)이라는 흰색을 지칭하는 프랑스어의 결합이다. 바로 하얀 산을 의미한다. 몽블랑은 이탈리아와 프랑스의 국경지대에 있다. 이탈리아어로는 몬떼비안꼬(monte bianco)라고 한다. 의미는 역시 산(monte)이라는 의미와 흰색(bianco)을 의미하는 단어로 결합해 있다. 하얀 산이라는 뜻이다.

사실 백두산(白頭山)도 같은 의미이다. 머리(頭 : 정상, 꼭대기)가 하얗다(白 : 흰)는 뜻이다. 세상의 높은 산들의 이름에 "희다"라는 단어가 많이 쓰이고 있다. 몽블랑이라는 이 산봉우리의 이름인 프랑스어로 널리 알려져 있다. 우리나라에서 이탈리아와 특별한 인연이 없는 사람은 몬테비안꼬라는 단어를 모르고, 그냥 몽블랑이라는 지명만을 알 것이다.

알프스 최고봉이라는 하나의 산봉우리를 이탈리아와 프랑스 두 개 국가나 나눠서 소유하고 있으며, 두 개 국가는 몽블랑 혹은 몬테비안꼬라는 자국의 말로써 해당 산을 표기하고 있으나, 몽블랑이라는 하나의 표현만 널리 알려져 있다. 그리고 몽블랑이라는 지명과 스위스는 아무런 직접적인 관련이 없다. 굳이 표현하자면 알프스라는 거대한 산맥에 놓여 있다는 공통점이다.

2) 알프스와 인근 국가 이야기

알프스산맥은 지중해 가운데 길쭉하게 세로로 놓여 있는 이탈리아라는 삼면이 바다인 국가의 머리 위에 송이버섯처럼 감싸고 있다. 길이가 1,200km로 서울↔부산 간 거리의 3배에 가깝다. 폭은 250km(혹은 400km라고 확대 적용하기도 한다)인 거대한 산맥이다. 그 알프스산맥의 한 가운데에 스위스가 있고, 지도상 왼편인 알프스산맥의 서쪽 가장 높은 봉우리를 몽블랑 혹은 몬떼비안꼬라고 한다. 그 산의 정상을 이탈리아와 프랑스가 공유하고 있다.

전체 알프스산맥의 남쪽 부분을 이탈리아가 점하고 있고, 북쪽, 즉 산등성이의 북쪽 부분을 프랑스, 스위스, 오스트리아 등의 나라들이 분점하고 있다. 전체 알프스의 다수가 이탈리아 영역인데도 불구하고 알프스와 이탈리아를 연관시키지 못하고 있다. 이 천혜의 자연환경 자산에 대해서 대부분의 사람들은 스위스를 떠 올린다. 사실 알프스는 알프스 자락에 걸쳐 있는 8개 국가인 오스트리아, 이탈리아, 프랑스, 스위스, 독일, 슬로베니아, 리히텐슈타인, 모나코가 공유하고 있는 공동 자산이다.

알프스(Alps) 산의 국가별 소유 면적과 비율

구분	넓이 (㎢)	면적비율 (%)
오스트리아	54,759	28.7
이탈리아	51,995	27.2
프랑스	40,801	21.4
스위스	25,211	13.2
독일	11,160	5.8
슬로베니아	6,871	3.6
리히텐슈타인	160	0.1
모나코	2	〈0.01
알프스 전체	190,959	100

출처 : 알프스 연합회 http://www.alpconv.org/sl/publications/alpine/Documents/AS1_sl.pdf

그런데도 우리에게 잘 알려진 알프스의 이미지는 스위스일 것이다. 그리고 스위스 하면 알프스(알프스 소녀 하이디를 포함하여)와 시계, 등산용 칼(빅토리녹스 Victorynox) 등일 것이다. 하지만 전체 알프스 중에서 스위스가 차지하는 비중은 13.2%에 불과하다. 물론 스위스 국가 기준으로 볼 때, 전체 국토의 65%가 산으로 이뤄져서 한 국가의 전체 이미지가 그렇게 투영되는지는 모르겠다.

오스트리아가 최대의 알프스를 차지하고 있다고 하지만, 거주인구를 기준으로 볼 때는 이탈리아가 최대이다. 우선 행정구역을 기준으로 봤을 때, 알프스 자락에 있는 도시들(이곳의 도시는 우리나라의 도시(city) 개념이 아닌 시·읍·면·동 등을 포함한 거주지에 대한 집합 개념이다. 몇 가구만 살아도 '작은 도시'라고 부른다(예를 들면 이탈리아어로 국가는 빠아제(Paese)이며 작은 마을은 빠에지노(Paesino)이다. 국가라는 단어에 축소형 어미를 붙인 것이다. 한편 빠에제에는 도시, 마을의 의미도 같이 있다). 이런 작은 도시 수는 오스트리아는 1,147개나 이탈리아는 1,756개로 가장 많다. 그다음, 인구수 역시 이탈리아의 인구가 4백30만 명 정도로 가장 많고, 그다음이 오스트리아가 3백30만 명 수준이다.

그런데 수많은 사람들은, 특히 유럽이 아닌 다른 곳에 사는 사람들은 알프스라고 하면 스위스를 연상한다. 그 이유는 크게 다음의 경우로 생각해 볼 수 있겠다. 하지만 이유야 어찌 되었던 스위스는 매우 좋은 이미지를 확보하게 되었다.

① 스위스가 알프스라는 천혜의 자원을 잘 활용한 마케팅을 했다.
② 이탈리아와 오스트리아는 무능해서인지 자신이 가지고 있는 자산을 잘 지키지 못했다.
③ 이탈리아와 오스트리아는 자산이 하나 밖에 없는 스위스와는 달리 수많은 보석 같은 자산이 많아 집중하지 않았다.

가) 알프스 인근 국가들의 알프스 브랜드 자산 활용을 위한 슬로건

(1) 스위스의 융프라우산 : 'Top of Europe'

우리나라의 장백산맥과 백두산의 관계가 정확하게 파악이 안되는 사람이 있는 것처럼 알프스와 몽블랑의 관계가 정확하게 파악이 안되는 경우가 있다. 장백산맥에서 가장 높은 산이 백두산인 것과 같이, 알프스산맥에서 가장 높은 산은 몽블랑(Mont-Blanc)이라는 봉우리다. 해발 4,808m. 몽블랑 정상을 바라보는 위치까지 케이블카가 설치되어 있다. 프랑스와 이탈리아 국경을 양분하고 있는 이 몽블랑산을 바라보는 전망대는 스위스 융프라우산을 바라보는 전망대보다 몇백 미터나 더 높다. 스위스 융프라우산을 바라보는 전망대는 해발 3,400m 정도이고, 프랑스 샤모니 몽블랑(Chamonix-Mont-Blanc)이라는 전망대는 해발 3,800m가 넘는다. 알프스에서 가장 높은 산봉우리는 융프라우가 아닌 몽블랑이며, 각각의 봉우리를 바라볼 수 있는 전망대 또한 몽블랑산 봉우리에 있는 곳이 더 높다.

그런데도 스위스는 '유럽 최고'(Top of Europe)라고 사용한다. Top 이라는 단어를 중의적으로 사용하기 때문이다. 아마도 스위스 측에서는 '가장 좋은 곳'으로 해석할 수도 있다고 주장하는데, 대부분의 사람들은 '가장 높은 곳'으로 해석한다. 사람들은 '가장 좋은 곳'은 주관적인 주장이기 때문에 상대적으로 큰 의미를 두지 않지만, '가장 높은 곳'은 객관적인 사실이기 때문에 큰 의미를 둔다는 데 착안한 듯하다.

대중을 상대로 커뮤니케이션 할 때, 추상적인 단어를 사용하는 것은 매우 포괄적으로 지지를 받을 수 있는 장점이 있다. 예를 들면 '세상에서 가장 아름다운 모습으로 피어나고 싶어 하는 것이 여자의 마음이다'라는 식의 문장이나 '저는 위대한 우리 대한민국의 찬란한 미래를 위해, 영광된 조국의 건설을 위해 저의 모든 것을 다 바칠 각오가 되어있습니다.'라는 문장이다.

하지만, 객관적으로 보이는 '숫자'나 '객관적인 정확한 사실'을 명확히 하는 것도 신뢰성을 높일 수 있다. 예를 들면 '하루 24시간, 8시간의 잠에서 깨어난 당신의 피부는 이 세상에서 가장 아름다운 모습으로 피어납니다.'라는 식의 문장이나 '저는 반만년을 이어온 우리 민족의 찬란한 영광을 영원히 계속하기 위해, 우리 5,000만 위대한 국민과 함께 저의 모든 것을 다 바칠 각오가 되어있습니다.'라는 문장이다.

(2) 슬로베니아 : 'The sunny side of Alps'

알프스에서 시간을 보낸다는 것은 서유럽에서도 부의 상징이다. 알프스산맥이 서유럽의 심장부에 있는 데다가, 스키와 같은 고급 겨울 스포츠, 여름철의 시원한 산악 트레킹 같은 고급 스포츠 관광 산업이 잘 발달해 있기 때문이다. 고급 스포츠 관광이 잘 발달해 있다는 것은 중하급 노동력을 많이 활용할 수 있어 국가나 지역경제의 활성화에 매우 유리하다는 의미다. 슬로베니아는 관광객의 유치뿐만 아니라, 국가의 브랜드 이미지를 기존의 소비에트 공산사회의 일원이었던 낙후한 모습에서 '풍요롭고 잘 발달한 선진국들이 있는 서유럽 국가, 그 중심에 있는 알프스(Alps), 그 알프스를 공유하고 있는 슬로베니아'라는 이미지로 변화시키려고 노력했다.

슬로베니아는 크로아티아, 이탈리아, 오스트리아, 헝가리 등과 국경을 맞대고 있는 중부 유럽국가이다. 유고슬라비아연방 해체 후에 약소국으로 다시 태어났으나, 국토의 크기가 남한의 20% 정도의 규모이며, 인구 역시 200만 명 전후로 매우 적다. 제대로 된 산업이 형성되기 어렵다. 따라서 이들에게는 관광 산업이 매우 중요했다. 하지만 소비에트의 연방 동유럽 혹은 피비린내 나는 발칸반도 등의 이미지는 관광 산업의 형성에 부정적이었다. 'The sunny side of Alps'라는 슬로건은 모든 사람들에게도 긍정적으로 받아들여져 오랫동안 사용되었으며, 기존의 부정적인 많은 이미지를 불식시키기에 좋은 슬로건이었다.

나) 알프스를 차용한 다른 나라들

매우 아름다운 알프스의 자연풍광에 빗대어 일본에도 알프스가 있고, 한국에도 영남 알프스가 있다. 다만 일본에 있는 알프스는 공식적인 시(Minami-Alps City)의 지명도 있지만, 한국에 있는 영남 알프스는 공식적인 지명이 없다. 그런데도 경남에서는 이 영남 알프스라는 단어를 활용해서 관광 상품화를 추구하고 있으며, 스위스에서도 참가한다. 한국의 영남 알프스라는 지명은 그 자체로서 상당한 영향력을 발휘하고 있다.

영남 알프스는 울산광역시 울주군, 경남 양산시·밀양시·청도군, 경북 경주시 등 5개 시·군에 걸쳐 있는 산맥이다. 이 산맥을 유럽의 세계적인 명소와 결합해서 관광 상품화한 것은 브랜드의 효율적인 운영 측면에서 매우 잘한 일이다. 영남 알프스가 위치한 5개 시·군 중에서 울산시가 해당 사업을 선점하였으므로 이 지역 전체에 대한 운영과 관광상품으로서의 많은 권리를 가졌다고 볼 수도 있다.

또 울산시를 포함, 중국 베이징 알프스의 허베이성, 뉴질랜드 서든 알프스(Southern Alps)의 퀸스타운 시, 일본의 중부지방의 기타 알프스(북알프스), 그리고 알프스의 본고장 스위스 티틀리스 등 타 국가들의 참여도 유도하여 전체적인 분위기를 돋운다.

몽블랑, 알프스라는 지명을 사용함으로써 그 지역의 이미지를 활용하는 것은 가장 손쉽고 유용한 마케팅 방법이다. 다만 같은 지역에서 경쟁자가 있거나, 공동브랜드를 활용할 경우 문제를 야기할 수도 있다. 공동브랜드의 경우 품질관리가 가장 관건이며, 같은 지역 경쟁자의 경우는 이미지의 희석 혹은 브랜드 및 가격 포지셔닝의 혼란을 초래할 수 있다. 일부 공동브랜드로 성공한 사례가 있는데, 주로 식품 관련 브랜드들이다. 상품의 생산과 품질관리는 조합원들 간의 상호 지원과 공동체 의식 하에, 판매를 위한 브랜드 관리와 마케팅은 지방자치단체 등에서 전문가들이 공동으로 추진하기 때문에 가능하다.

3) 몽블랑 볼펜은 어느 나라에서 만들까?

가) 회사명, 상품명

몽블랑(Mont Blanc)은 사무용품 즉 볼펜, 만년필, 명함 지갑, 남성용 서류 가방, 혁대 등을 만드는 독일 기업의 상품명이자 기업명이다. 독일 함부르크에 본사를 두고 펜, 가죽상품, 시계 등을 생산한다. 그런데 대부분의 사람들은 몽블랑이 독일상품이라는 것을 생각하지 않는다.

샤넬(CHANEL)이라는 여성 명품도 프랑스에서 만들어진다고 알고 있다. 가죽상품 측면에서는 샤넬 상품과 같은 급은 아닐지 몰라도, 만년필 등 남성용 사무용품에서 가장 유명하면서도 값이 비싼 브랜드가 바로 몽블랑일 것이다.

반대로 스티브 잡스가 창업한 애플이라는 회사는 대부분 미국회사라고 생각한다. 그리고 많은 사람들은 애플사의 상품이 중국에서 조립된다는 것도 알고 있다.

그런데 몽블랑 상품을 독일 기업에서 만든다는 것을 사람들은 잘 모른다. 왜 그럴까? 첫째, 생산자 측면이다. 회사가 자신의 제조국이 독일이라는 사실을 드러내지 않기 때문이다. 몽블랑 상품의 포장을 보면 매우 작은 글씨로 즉 일반 육안으로 식별하기 쉽지 않은 글자 크기로 "Made in Germany"라고 적혀 있다. 독일이라는 국가 이미지와 해당 상품 및 산업 이미지가 쉽게 결합하지 않으므로, 일부러 이를 드러내고 싶어 하지 않아서이다. 회사의 마케팅 전략상 원산지를 숨기는 것이다. 아니 오히려 프랑스의 대표 이미지의 하나로 잘 알려진 산의 이름을 차용하고, 프랑스 이미지로 포장했다. 가장 큰 이유의 하나가 바로 독일이라는 기능적이고 실용적인 이미지보다는, 꿈과 낭만을 표현한 프랑스의 이미지를 차용함으로써 고가전략을 자유롭게 구사하기 위해서이다.

둘째, 수용자 측면이다. 몽블랑이라는 단어가 프랑스어이기 때문에 프랑스 이외의 국가를 쉽게 떠올리기 쉽지 않다. 그리고 위에서 생산자가 이미 파악한 바와 같이 실용적인 독일상품으로 생각하지 않는다. 고가의 감성적인 상품이라는 선입견으로 사물을 보기 때문이다. 생산자와 소비자가 합작(?)해서 몽블랑 상품을 프랑스산으로 둔갑시킨다.

다. 원산지 버리기 : 초콜릿에 얽힌 이야기

1) 초콜릿과 카카오

우리나라 2월 14일경은 매우 큰 초콜릿 장이 서는 시즌이다. 일 년 매출의 대부분이 이때 일어나며, 특정 수제품 초콜릿의 경우 거의 이 시기 매출이 1년 매출의 성패를 좌우한다고 봐도 무방한 시기다. 초콜릿은 카카오(cacao)나무의 열매인 코코아(cocoa)의 내부에 있는 씨앗과 우유와 설탕이 주성분이다.

코코아 콩(Cocoa bean) 가공 단계

구분	카카오나무	코코아 (열매)	코코아 내부	카카오닙스
사진				
설명	카카오나무에 코코아가 달린 모습	잘 익은 코코아	코코아 내부. 원래 흰색 과육을 먹는다.	흰색 과육에 둘러싸여 있는 콩을 발효하여 선별하는 작업 중인 모습

그중에서 우유와 설탕은 쉽게 구할 수 있지만, 카카오 열매인 코코아는 열대지방에서 주로 생산한다. 세계에서 가장 많은 양의 코코아를 생산하는 국가는 코트디부아르, 가나, 인도네시아 순이다. 즉 우리가 즐겨 먹는 초콜릿은 열대 열매인 코코아 없이는 생산이 안된다. 한국인이 가장 많이 쓰는 국민 메신저 Kakao와는 발음이 거의 같으나 알파벳이 다르다.

카카오 생산 국가

순위	국가명(한글)	국가명(영문)	생산량 (단위 : 톤, 2013년)
1	코트디부아르	Cote d'Ivoire	1,448,992
2	가나	Ghana	835,466
3	인도네시아	Indonesia	777,500
4	나이지리아	Nigeria	367,000
5	카메룬	Cameroon	275,000
6	브라질	Brazil	256,186
7	에콰도르	Ecuador	128,446
8	멕시코	Mexico	82,000
9	페루	Peru	71,175
10	도미니카 공화국	Dominican Republic	68,021

2) 초콜릿 이야기

코코아를 활용한 초콜릿의 최대 생산지는 미국과 서유럽이다. 세계 초콜릿 생산량의 25%는 미국이 차지하고, 독일, 스위스, 벨기에 등 서유럽이 35%를 차지하고 있다. 이를 인구비율로 보면 스위스가 압도적인 1위이다. 스위스는 인구당 초콜릿 생산량이 가장 많다. 단연 1위라고 봐야 한다. 취리히는 스위스 초콜릿의 본고장이라 할 수 있을 만큼 초콜릿으로 유명하다. 네슬레(Nestle), 토블레로네(Toblerone), 린트 & 슈프륀글리(Lindt and Sprungli) 등등 다양한 브랜드가 있다.

미국은 허쉬(Hershey)라는 큰 식품회사의 대중 브랜드와 고가의 전문브랜드들이 있으며 독일에도 다양한 브랜드들이 있다. 벨기에는 브뤼셀에는 고디바(Godiva)라는 유명브랜드를 비롯한 2,000여 개의 전문 숍이 있다.

벨기에의 초콜릿이 유명하게 된 계기는 법률의 정비가 크다. 벨기에 법에는 최소 35% 이상의 코코아를 사용해야 하고, 저급품질의 지방을 사용하지 못하게 막았다. 대부분 수공으로 제작된다. 이렇게 품질을 유지할 수 있도록 법 제도를 정비했다.

독일이나 스위스 벨기에 등과 같은 초콜릿을 많이 소비하는 북유럽 국가들의 숨겨져 있는 또 다른 특징의 하나는 바로 춥고 어둡고 습한 겨울을 많이 보내야 한다는 것이다. 초콜릿에 들어있는 카페인과 유지방, 그리고 당분은 며칠씩 혹은 몇 달씩 햇빛을 보지 못하면서 추운 겨울을 지내야 하는 이 지역 사람들에게는 환희의 묘약처럼 작용한다.

오랫동안 햇볕을 못 봐서 활기가 떨어져 기분이 좋지 않은 상황에서 먹을 것이 다양하지 않는 이 지역 사람들에게 코코아에 든 카페인은 기분을 좋게 해 주고, 탄수화물과 빠르게 에너지를 보급해준다. 그리고 동시에 주성분의 하나인 당분과 유지방은 풍미를 높이고, 코코아의 쌉쌀한 맛은 비상 약품처럼 아주 유용한 약용 식품이자 기호품일 것이다.

다만 이를 고급화하고 수출하면서 국부를 창출하는 것을 잘 살펴볼 필요가 있다. 완제품에 비하면 원재료로 들어가는 카카오 열매인 코코아의 가격은 매우 싸다. 그런 측면에서 초콜릿은 엄청난 부가가치를 가진 상품이다.

스위스의 초콜릿 판매 사원들에게 "왜 스위스 초콜릿이 좋은가? 원 재료는 다 수입하는 것이 아닌가?"라는 질문을 한 적이 있다.

가) 세일즈 커뮤니케이션 : USP(Unique Sales Point)

직원은 "초콜릿의 맛을 결정하는 것은 기능이 아니라 예술의 일종이다. 그뿐만 아니라 스위스 알프스 청정 고원 지역에 있다. 그 위생적으로 건강하게 관리된 소 젖을 이용해서 초콜릿을 만든다. 다른 저지대의 벌레와 각종 해충, 유해균들이 있는 곳과 비교할 수 없는 신선하고 완벽한 유지방으로 만든다. 미국이나 다른 나라의 곡물을 먹이고, 우리에 가둬서 생산하는 유지방과는 다르다"

매우 잘 정리된 '세일즈 커뮤니케이션'이다. 다른 용어로 USP(Unique Sales Point)라고 하기도 하는데, 왜 잘 정리된 USP인지를 설명하자면 다음과 같다.

첫째, 맛을 예술로 지칭했다. 예술이란 현대의 학문 수준에서 볼 때, 논리적 분석이 불가한 측면이 많다. 즉 논리의 세계가 아닌 감성 및 이미지의 세계라는 것을 강조한다. 쉽게 말해서 '당신은 잘 모르니 따지지 말고 그냥 스위스 초콜릿을 비싼 돈을 주고 사라!'라는 말이다.

둘째, 알프스라는 산악지역이 상대적으로 청정한 것은 맞으나 축산물이기 때문에 관리를 조금만 잘못하면 저지대 못지않은 유해 병균이 들끓을 수도 있다. 다만 습도가 낮아 저지대에 비해 상대적으로 병균들에 의한 오염이 덜 되는 측면은 있을 것이다. 평야 지대에 비해 농산물 생산 측면, 운송 측면 등에서 열악하기 짝이 없는 산간 지방을 졸지에 아주 비옥하고 생산적인 곳으로 만들었다. 사실 단 하루만 알프스 산간 마을에서 풀을 베어보면 얼마나 힘들고 비생산적인 곳인지 알 것이다. 겨울은 길고, 여름에는 물이 적어 메마르다. 그런데도 알프스 산간에 위치한 스위스는 자신들의 단점을 마케팅에서 장점으로 차별화해서 부각했다. 세상에 산간에 위치한 도시나 마을 국가가 어디 한두 곳인가? 프랑스 남서부, 이탈리아 북부, 오스트리아 등등 유럽에만 해도 많은 나라들이 있다. 한국의 대관령이나 지리산, 태백산 등등 고원마을이 어디 한두 곳인가?

셋째 이를 통해서 카카오닙스와 설탕을 외국 열대지방에서 조달해야만 하는 자신들 상품의 원산지 측면의 단점을 제거하고, 오로지 자체 생산한 유지방과 다른 국가에서 조달한 나머지 부분의 예술적 결합의 중요성을 강조한다.

세일즈 판매사원이 말 한마디를 하는 순간, 이 세상의 모든 초콜릿은 스위스를 중심으로 재탄생한다. 사실 이 말은 세일즈 사원이 만든 말이 아니다. 스위스 낙농협회에서 오랫동안 연구해서 만든 말이다. 연구 자체에도 시간이 걸렸겠지만 이를 스위스 전체 초콜릿 판매사원들이 공통으로 인식하고 이를 적절하게 구사하는 것은 하루 이틀에 될 일이 아니다. 브랜드가 다른 곳의 판매사원 역시 스위스 초콜릿의 장점에 대한 설명은 동일했다. 그들은 각론 부분에서만 달랐다. 여기서 각론이란, 자신의 개별 브랜드 측면의 장점을 말하는 것이다.

한국의 제주도를 중심으로 말하면 제주 특산물인 감귤의 맛은 '제주도라는 바다에 위치한 화산지대와 해풍의 만남이라고 강조한다. 그리고 인체에 불이익한 공장도 없다. 또한 해발 2,000m 가까운 높은 산이 있어서 때론 산 위에서 찬바람이 가끔은 아래로 내려온다. 이 바람에 영그는 감귤은 그 맛과 향에서 알 수 없는 신비로움이 있다'라고 표현한다. 이로써 제주도는 세계 유일의 맛있는 감귤 생산지로 탄생하는 것이다.

모든 제주도 감귤 농업자들이 이렇게 말하는 것이 중요하다. 사실 감귤은 중국 남동부가 더 맛이 좋을 수도 있다. 중국의 남동부는 오렌지를 비롯한 세계 감귤류의 원산지다. 하지만 인구가 많아 온갖 종류의 사람들이 많은 중국, 세계의 공장인 중국, 어떤 농약과 화학 약품으로 처리한 것인지도 모르는 감귤과 제주 청정지역에서 한국 정부의 엄격하고 과학적인 관리하에서 진실한 농부의 손으로 생산된 감귤은 차원이 다를 것이다.

세상에서 그 어느 곳이든 동일한 곳은 없으므로 독창성을 강화하기 위한 아주 좋은 수단의 하나가 지역의 특징과 장점을 강조하는 것이다. 이것은 세일즈 마케팅의 한 예이다.

그런데 만일 제주도의 감귤 생산자가 위와 같은 말을 한 뒤에, "사실 제주도에서 서귀포 쪽에 있는 감귤 빼고는 다 가짜라고 보면 돼요. 서귀포 감귤이 진짜예요. 그 이유가 한라산 정상의 바람과 해풍은 서귀포로만 불어요!" 이런 순간 제주도 전체의 감귤은 한꺼번에 신뢰성을 잃게 된다. 속된 말로 한 방에 훅~ 맛이 간다. 이렇게 말하는 순간, 서귀포 감귤과 제주도 타 지역 감귤의 싸움이 아니라, 공멸의 순간이 되는 것이다. "어느 말이 사실인지 모르지만, 제주도인은 믿을 것이 못 된다!"라는 할 한마디로 모든 상품이 아작 난다. 마치 고름 우유와 같이 된다.

이때 서귀포 농민이 말해야 하는 것은 "이 서귀포 감귤은 전 세계에서 유일한 것입니다. 이 지역은 중국이라는 나라의 건국신화와 깊은 관련이 있습니다. 진시황은 오늘날 중국이라는 나라를 만든 사람이라고 알려져 있습니다. 여러 나라를 통일해서 강력한 통일왕국을 만들었습니다. 당시 그 큰 힘을 이용해서 3천 명의 동자를 데리고 불로초를 구하기 위해 이곳을 찾았고, 서쪽으로 돌아갔다는 전설이 있는 곳입니다. 그래서 서귀포라고 하지 않습니까? 여기의 감귤은 그러한 불로장생의 명약이 있는 고향이라는 전설에 걸맞게 다른 어떤 곳에서도 맛볼 수 없는 고유의 향을 가지고 있습니다. 이 향을 맡으면 머리가 맑아지고 편안함을 느낍니다. 자 한번 맡아 보시겠어요? 제주도가 하나의 섬이지만 이곳 서귀포에서 나는 감귤의 향은 아주 독특합니다. 석양을 많이 받아서 그런다고 합니다. 지금 손님께서 맡으시는 이 향을 '제주도 저녁노을의 향'이라고들 말합니다. 만일 당신이 운이 좋다면, 그래서 이 향과 특별한 인연이 있다면 당신의 머리는 아마 며칠 동안 특별히 맑을 것입니다."

아래의 도표는 초콜릿의 판매촉진을 위한 뛰어난 아이디의 하나라고 생각된다. 노벨상이라는 권위가 높은 상과 연관시켜서 마치 초콜릿이 인간의 머리를 좋게 한다는 것과 유사한 논문 등을 발표하는 등 이미지를 고급화하려고 노력하고 있다. 물론 통계학적인 관점에서 저런 도표는 논리적으로 많은 하자를 가지고 있다. 그런데도 언론 등을 통해 마치 초콜릿이 인간의 지능지수를 높게 하는 것처럼 유도하면서 초콜릿의 이미지를 높이고 소비를 촉진하려 한다.

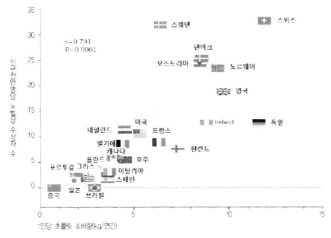

국가별 초콜릿 소비량과 노벨상 수상자 수 상관관계

자료: Franz H. Messerli, M.D. Chocolate Consumption, Cognitive Function, and Nobel Laureates(2012).

라. 국가와 원산지 활용하기 : 화장품

1) 화장품과 브랜드

가) 브랜드명 : 어느 나라 말로 지을 것인가?

한국에서 대표적인 화장품 회사는 '아모레퍼시픽'과 'LG생활건강'이다. '태평양화학공업사'라는 화학회사에서 화장품을 제조 판매하다가 아모레(Amore : 이탈리아어, 사랑이라는 뜻)라는 브랜드를 만들었다. 그 뒤에 아모레라는 브랜드가 가장 잘 알려져 있자 모기업의 이름 태평양(太平洋 클 태, 평화로울 평, 바다 양)의 영어명 Pacific Ocean에서 '퍼시픽(Pacific : 평화)'만을 따와서 '아모레퍼시픽'이라는 회사명을 만들었다.

　태평양화학공업사 브랜드들 중에서 아모레 화장품은 우리나라 대표 화장품 브랜드로 성장했다. 그 뒤 라네즈(La Neige, 프랑스 어로 눈(雪)을 의미)라는 유명 화장품 브랜드를 포함해서, 설화수(雪花秀 : 하얗다는 것을 상징하는 눈을 넣었다) 등의 유명 화장품을 개발했다. 한편 다른 유명브랜드인 마몽드(Ma Monde, 프랑스어로 나의 세계라는 뜻인데 문법상 정확한 표기는 아니나 브랜드 명으로 용인 가능한 수준임), 리리코스(Lirikos, 그리스어로 '서정적인'이라는 뜻-영어로 lyric) 등이 있다. 우리나라 화장품업체 최초로 단일브랜드 기준 2,000억 매출을 기록했다는 브랜드인 IOPE(Ingredients Of Plant Extract)는 식물추출물이라는 의미의 브랜드이다.

　한편 오늘날 LG그룹의 모기업 혹은 모태 사업의 하나인 화장품을 담당하는 LG생활건강에서 가지고 있는 화장품은 매우 다양하다. 후(后), 오휘(O Hui)를 비롯하여 이자녹스(Isa Knox, '이사도라 던컨'에서 Isa를 따오고 밤이라는 라틴어 Knox의 합성어), 라끄베르(Lac + Vert, '호수와 + 푸른'이라는 뜻의 프랑스어 합성어) 등을 포함해서 다양하다.

　물론 한국어로 된 브랜드도 있다. 아모레퍼시픽의 순수한국어 브랜드인 '아리따움'이나 LG생활건강의 화장품의 '수려한'은 한문글자이긴 하지만 한국에 체화된 이름이다.

화장품의 이름은 전체적인 상품의 개발 방향을 결정짓는다. 동시에 가격대와 목표 고객집단(Target Customer)을 결정하며, 주요 성분의 배합이나 구성이 달라진다. 예를 들면 10대나 20대의 젊은 여성이 목표 집단이라면 유분의 함량을 줄이는 것이 좋고, 50대나 60대면 유분의 함량을 늘리는 것이 좋다. 그리고 한국인이 고객인 것과 동남아시아인이 고객인 것과는 색상 등에서 차이가 많다. 화장품의 성분 배합은 목표 고객이 누구냐에 따라 달라진다. 그리고 광고모델 등도 달라진다. 순수한 한글 이름에는 한국 모델이 더 어울릴 수 있으며, 외국어 이름이면 외국인 모델을 쓰는 경우가 더 많다. 따라서 이름은 매우 많은 것을 결정한다.

그런데도 즉흥적으로 만든 이름으로 좋은 이미지를 얻기 위해서 잘 기획된 이름에 비해 수백 수천 배의 엄청난 돈이 들어간다. 하지만 그것이 기업의 역사와 관련이 있다면 바꾸기가 어렵다. 이럴 때 보조 브랜드를 만드는 전략을 구사할 필요가 있다.

한국에서 하나의 소비재 브랜드를 목표고객에게 알리는 광고비만 하더라도 대략 300~400억 원이 든다고 한다. 이름이 잘못되어 있을 경우 위의 돈을 넣고도 유지하기 위해서 계속 돈을 써야 한다.

(1) 원산지 차용 : 화장품

브랜드 측면에서 원산지 또한 매우 중요한 요소이다. 아래는 몇 개의 예이다.

아모레퍼시픽은 1990년도부터 프랑스 샤르트르(Chartres, 파리 외곽)에 현지법인을 설립하고 화장품 브랜드 리리코스(Lirikos)를 생산하며 프랑스 시장 진출을 목표로 했지만 여의치 않았다. 당시 실질적 목표와 표면적 목표가 달랐는지 모르나, 한국의 판매는 원활했다. 한국의 기술진에 의해 한국인의 회사에서 개발 제조된 리리코스는 태평양의 방문판매원들을 통해 한국에서 원활히 판매되어 2020년인 지금까지 존속하고 있다.

당시 고가의 리리코스 화장품에 대해서 판매사원들은 프랑스산 화장품이라고만 이야기했고, 주 고객이 한국 사람들인데도 모든 상품의 상품명에 프랑스어로 되어있었고 사용설명서 또한 프랑스어로 붙어있었다. 리리코스는 한국에서 최고로 알려진 프랑스산 화장품의 국가 브랜드 이미지를 차용하고 있는 것이다. 리리코스는 태평양(현 아모레퍼시픽)이라는 화장품 업계 1위인 모기업브랜드를 내세우지 않았다.

이 말은 당시에 태평양이라는 국내 업계 1위 브랜드만으로는 '프랑스산'이라는 브랜드가 주는 '고급감-고가격'을 구현하기 어렵다고 판단했을 수 있다. 즉 국가 브랜드(원산지 브랜드)를 활용하는 것이 '국내 1위 기업'이라는 기업브랜드를 대체할 수 있다는 판단이었다고 볼 수 있다. '국내 1위'라는 말의 또 다른 의미는 '선진국에 비해 못한 국내산'이라는 뜻을 의미한다.

한편 화장품 산업에 신규로 진입하기 위해서 해외에서 유명한 패션잡지의 이름을 빌리는 경우도 있다. 대표적인 것 중의 하나가 마리끌레르(marie claire)인데 애경산업에서 브랜드를 빌려 만든 것이다. 젊은 여성 연령층을 대상으로 하는 잡지의 유명세와 함께 프랑스 풍의 세련된 용기디자인 등과 더불어 초기에 매우 큰 소비자의 호응을 얻었으나 영업망의 관리 측면에서 누적된 재고로 인해 해당 브랜드에서 철수했다. 애경산업은 그 뒤에 루나라는 세계 최초의 홈쇼핑 전용 화장품을 만들어 사업을 크게 확대했다.

(2) 원산지 차용 : 제과점

우리나라에서 대표적인 제과점 브랜드가 있다면 하나는 파리 바게뜨(Paris Baguette)이고, 다른 하나는 뚜레쥬르(Tous Les Jours)이다.

파리 바게뜨는 SPC그룹의 프랜차이즈 베이커리 가맹점인 브랜드이며, 파리크라상은 직영점이다. 직영점보다는 가맹점이 더 많아 파리 바게뜨로 더 잘 알려져 있다. 파리 바게뜨는 바게트라는 겉이 딱딱하고 길쭉한 빵을 지칭하는 고유명사에다가 파리라는 프랑스의 수도를 지칭하는 고유명사와의 결합이다. 즉 문화 특히 음식문화가 매우 발달한 나라의 하나인 프랑스의 제빵 이미지를 차용하고 싶었을 것이다.

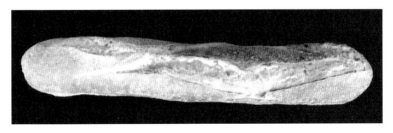

'바게트'라는 이름의 빵

한편, 뚜레쥬르(Tous Les Jours)는 CJ그룹의 제빵 프랜차이즈로 파리 바게뜨보다 약 10년 가까이 늦게 출발하였지만 역시 탄탄한 관리력으로 중국과 동남아를 비롯한 해외에도 훌륭하게 진출하였다. 뚜레쥬르(Tous Les Jours)는 프랑스어로 '오늘의 빵'이라는 뜻이다. 매일매일 신선한 빵을 만든다는 콘셉트로, 프랑스어로 상호를 정함으로써 프랑스 제빵의 이미지를 차용하려고 했다.

파리 바게뜨든 뚜레쥬르든 간에 모두가 프랑스의 제빵 측면에서 고급스러운 이미지를 차용하려고 했다. 하나는 그 나라의 수도인 파리의 명칭을 직접 활용했고, 다른 하나는 그 나라의 문자와 언어로 표현했다(이 이슈로 인해 파리 바게뜨는 중국에서 상표권 문제에 시달리게 된다).

두 브랜드에 대해서 낯선 해외 영업점의 경우, 만일 두 브랜드가 마주 보고 있는 곳에서(같은 상권으로 본다면)의 매출을 비교해 본다면, 이 두 브랜드의 매출의 차이는 약 3배가 난다는 것이 정설이다. 하나는 해당 브랜드가 추구하는 바를 너무나 간단히 정확하게 전달했고(물론 좀 고급스럽진 않은 측면이 있지만), 다른 하나는 즉시성이 다소 떨어져서 처음 매장을 찾는 고객이 프랑스식 제빵으로 인지하기가 쉽지 않았다는 것이 주변의 평이었다.

제4부

국가 브랜드와
화장품, 한류

가. 왜 화장품인가?

왜 이 대목에서 화장품 이야기를 하는지 궁금한 분들을 위해 언급하자면, 화장품은 가장 큰 브랜드 산업의 하나이기 때문이다. 브랜드 산업이라는 것은 다른 산업에 비해 소비자들이 해당 상품을 고려하는 기준으로 브랜드가 중요한 산업이라는 뜻이다. 패션산업도 브랜드가 중요하다. 샤넬(CHANEL) 가방과 옷, 장신구, 에르메스(HERMES, 프랑스어이므로 '에르메' 라고 읽어야 하나 우리나라에서는 에르메스로 부른다)의 장신구와 옷 등등. 하지만 이런 명품 브랜드들도 디자인이 결정적이다. 소비자가 고를 때, 해당 제품의 색상과 디자인이 매우 중요하다. 하지만 화장품은 상대적으로 훨씬 덜하다. 다만 화장품 용기의 디자인은 매우 중요하다.

즉 해당 제품의 제조원가와 판매가 간의 차이가 매우 큰 브랜드 산업이다.

화장품은 국가의 패션 품격 및 과학 위상과 일치한다. 어느 한쪽만 발달해도 해당 국가의 화장품이 인기를 끌기가 어렵다. 그 이유는 화장품이란 바로 2가지의 핵심 요인을 기본으로 필요로 한다. 하나는 패션성이 있어야 하며, 내 피부에 해를 끼치지 않을 수준의 과학적 엄밀함이 있어야 한다.

2018년 9월 유로모니터라는 세계적인 전문 조사기관에서 한국의 화장품에 대해서 특집 보고서를 냈다. 제목은 'K-Beauty : From Asia to the World'이다. 이 보고서는 고가의 유료 보고서의 하나이다. 이 보고서에서 한류와 한국화장품에 대해서 아주 간단하고 명확하게 정의를 했다. '한류란 한국 화장품(K-Beauty), 한국 드라마(K-Drama), 한국현대음악(K-Pop) 이라는 3개의 기둥으로 되어있다. 그중에서 한국화장품이라는 기둥은 독창적 콘셉트(Unique Concept), 혁신(Innovation), 품질(Product Quality), 성분(Ingredients)으로 구성되어 있으며, 새로운 글로벌 트렌드로 되고 있다'

그리고 한국의 중요 화장품 브랜드 4개를 예로 들었는데, 2008년 도부터 2017년도까지 10년 동안 토니모리(TONYMOLY)는 1,231%, 후(The History of Whoo)는 624%, 라네즈(LANEIGE)는 141%, 헤라(HERA)는 50% 성장했다고 밝히고 있다.

이 보고서는 "한류는 드라마 '겨울소나타(2002년 1월)'에서 시작되었다. 그 후 10년 동안 주로 일본과 아시아 지역에서 머물렀다. 하지만 2012년도에 싸이의 강남스타일 이후에 진정한 글로벌화 되었다"라고 주장한다.

한편 이 보고서는 한국화장품의 성공적인 특성으로 파악한 것은 다음과 같다.

① 고품질의 스킨케어 제품으로 빠르고 집중적인 연구개발 추진 : 기존의 대부분의 화장품은 주름 관리와 여드름 치료와 같은 사후적 내용에 대한 수동적인 접근이었다면, 한국의 화장품은 노화 방지와 같은 기능적이면서도 보다 적극적인 소구점을 전면에 내세웠다.

② 전통적이고 독특한 성분 : 달팽이 점액 추출물, 국화와 같은 식물 및 꽃, 마유(말기름), 인삼, 염소젖, 제비집 등이 그 예이다.

③ 패키지의 고급화 : 한국화장품의 패키지는 원래 핵심 판매 요인(Key Selling Point)이 아니었으나 흥미를 유발하는 과일 모양의 핸드크림, 동물 모양이 립스틱 등은 매우 성공적으로 고객의 시선을 잡았다. 한편, 그 이후로 한국화장품은 점점 더 고급화된 패키지로 브랜드력을 강화했다.

④ 빠른 속도의 신제품 개발 : 한국화장품은 매우 빠른 속도로 신제품을 런칭한다. 한국화장품의 신제품 개발은 잘 알려진 **OEM/ODM** 회사들과의 협업으로 다른 어떤 나라들보다 빠른 속도로 신제품을 개발한다.

나. 우리나라 화장품 시장

우리나라를 대표하는 화장품 회사는 아모레퍼시픽과 LG생활건강이다. 2020년도 전후를 기점으로 LG생활건강의 성장세가 두드러진다. 두 회사의 대표 브랜드는 설화수와 후, 오휘, 숨 등이 있다. 이들화장품 브랜드의 공통적인 특징은 '한국형'이라는 것이다. 한국형화장품 브랜드의 역사가 오래된 것은 아니다. 한국형 화장품이 등장하기 이전에는 주로 유럽형, 서구적인, 혹은 일본풍인 이미지가 대세를 이루었다.

1) 한국형 화장품에 대한 도전과 성과

아모레퍼시픽의 설화수(雪花秀, Sulwhasoo)는 1997년 4월에 한방화장품을 표방하면서 출시했다. 한편 LG생활건강은 오휘(五暉, O Hui, = 적·청·황·흑·백이라는 5개의 빛, 오방색)라는 브랜드를1997년 9월에 출시했다.

LG생활건강이 몇 개월 늦은 셈이다. 아모레퍼시픽의 설화수는 여인의 피부를 눈처럼 하얗게 만들겠다는 의지가 숨어있으며, LG생활건강의 오휘는 전통 한국의 5개 색을 잘 구현한 미인을 의미했으며둘 다 유럽산 명품에 견줄 수 있는 자신감으로 고가전략을 사용했다.

1996년 및 1997년도는 우리나라가 자긍심이 높아질 때였다. 1993

년 첫 민간 대통령 취임 이후 그간의 경제건설과 민주화라는 두 개의 국가적 큰 난제를 성공적으로 해결했으며, 역사바로세우기 운동 등을 추진하면서 일제의 잔재를 몰아내고자 했다. 독도 문제 등으로 일본과 첨예하게 부딪히는 등 국민이 모두 국가적 자긍심에 가득 차 있을 때였다.

이때를 기회로 동의생금, 송염치약, 오복치약, 녹차비누, 오이비누 등등 한국의 전통 민간요법 등을 표방한 다양한 한국 전통 및 한방 중심의 사회적 트렌드가 일어났다. 화장품에서는 다양한 한국형 화장품들이 등장하였다. 주로 전통 한방 등을 표방했다.

당시 LG화학 화장품 사업부에서 만든 오휘는 출시 뒤에 매출액이 희망대로 증가하지 않자, 한국 고유의 오방색이라는 콘셉트를 버리고, 프랑스 모델을 기용해서 발음을 프랑스식으로 했다. 즉 한국 전통을 계승한 화장품에서 프랑스 화장품이 된 것이다.

그 뒤 오휘라는 고가형 브랜드의 판매가 원활하지 않아 새로운 브랜드를 만들어 냈다. 소위 백화점 라인의 재정비이다. 2003년도에 한방 화장품인 후(后)를 따로 만들어 냈다. 하지만 초기에 최고급 라인인 백화점용 브랜드에서 두 개의 브랜드에 대해서 동시에 마케팅을 전개하기에는 역부족이었다.

한 회사 내에 있는 두 개 브랜드가 강력한 경쟁사, 그것도 이미 자리를 잘 잡은 성공한 하나의 브랜드 설화수와 싸워 이기기에는 매우 큰 도전이 따른다. 모든 매출액 대비 광고마케팅 비용이 경쟁브랜드인 설화수에 비해 최소 2.5배 이상 들어갈 수밖에 없는 구조다.

기존 많은 연구에서 1위 브랜드와 2위 브랜드 간의 매출액 대비 광고마케팅 비율을 파악한 바에 따른 2위 브랜드는 1위 브랜드에 비해 최소한 1.5배의 광고마케팅 비용을 투자해야 한다. 위의 경우 설화수, 오휘, 후 이렇게 3개의 브랜드를 비교하자면 설화수 대비 얼마나 많은 광고마케팅 비용을 지불해야 하는지 짐작할 수 있다.

가) 내적 성공 요인

그 뒤 후는 다양한 노력과 전사적인 지원, 한류의 확산 덕분에 세계적인 브랜드의 반열에 서게 되었다. 기본적인 화장품 배합기술이 있었기 때문에 가능했고, 오휘의 실패가 있었기 때문에 회사 내에서의 경험칙이 적용되지 않았을까 생각한다. 즉 성공과 실패의 경험을 통한 기본기가 충분했다. 그리고 당시 후 출시 시에 내부적인 경영층의 변화도 매우 주효했다고 본다.

2018년도 기준으로 볼 때 적어도 후(后)라는 화장품은 큰 성공을 했다. 중국 최고 지도자 시진핑의 부인인 펑리위안이 후를 사는 장면을 잘 찍어서 크게 홍보하기도 하는 등 매출액 기준으로 볼 때 설화수를 따라잡았다고 볼 수도 있다. 하지만 내용을 살펴보면 그렇지만 않다. 후는 중국에서 124개의 매장으로 영업하고 있으나, 설화수는 73개 매장에서 영업을 하고 있다. 매장의 숫자는 곧 큰 고정비용이라고 보면 된다. 고정비용이 2배 가까이 지불된다고도 볼 수 있다. 각 매장당 매출액과 수익률에서 차이가 날 것으로 판단된다. 물론 기업의 경영 전략상 먼저 확산한 뒤에, 타 상품 라인을 강화하거나 수익률이라는 실속을 높이는 등 여러 가지 전략을 쓸 수가 있으나 이를 위해서는 매우 치밀하고 정확한 마케팅 자원(인적, 물적, 조직적 자원)이 필요하다.

여기서 첨언하자면 인적 자원이란 회사 내부의 브랜드마케팅 조직의 뛰어난 능력과 그를 뒷받침할 만한 경영층의 의사결정을 말하며, 물적 지원이란 회사의 마케팅비용을 충당할 자금력과 영업망의 현황을 그리고 조직적 자원이란 각 영업망(대리점 및 판매점의 판매사원 등)의 유기적이고 우수한 조직적 통제능력을 말한다.

일관성 유지가 중요한 이유는 정보를 정확하게 전달하는데 있어서 가장 효율적이기 때문이다. 특히 특정인 혹은 특정 집단이 다수의 집단, 사람을 상대로 보내는 사람이 원하는 정보를 전달하는 데 있어서 그 일관성을 잃어버린다면 받아들이는 쪽에서는 매우 혼란을 일으키게 될 것이다. 이 일관성 유지는 최종 소비자인 고객뿐만 아니라, 내부 임직원들에게도 영향을 미친다.

1,000마디의 말보다도 단 한 장의 사진이 훨씬 많은 정보를 전할 때도 있고, 1,000장의 사진보다도 단 한 글자가 더 많은 정보를 전할 때도 있다. 그 두 사진이나 글자가 동일한 내용에 대해서 다른 내용을 담고 있다면 더더욱 큰 혼란을 줄 것이다.

여기서 공통점은 가능하면 가장 적은 시간에 많은 농축된 정보를 전달하는 것이다. 여기서 정보란 전달하고자 하는 사람 혹은 집단을 기준으로 봤을 때 좋은 정보여야 한다. 여기에는 원산지에 대한 이미지, 사용자에 대한 이미지 등등 모든 정보가 녹아 들어가 있다.

나) 외적 성공 요인

설화수, 후, 오휘 등의 큰 성공은 다분히 때마침 불어 닥친 한류와 중국 시장의 성장과 같은 외부적인 요인이 매우 중요했다. 한편 브랜드 마케팅적 관점에서만 본다면 우수한 재료배합기술, 용기디자인, 브랜드 네이밍과 같은 개발 시점의 잘된 착안점과 이를 구현(Operation)하는 일관성 유지라고 본다.

당시 시대적 상황 또한 성장하는 한국의 화장품 산업에 긍정적인 영향을 미쳤다. 한류 열풍은 중국이라는 신생 산업국가를 압도했을 뿐만 아니라 이웃 화교권 국가들을 비롯한 동아시아에 '현대문화'의 보급이라는 측면에서 큰 영향을 미쳤다.

휴대폰은 한류라는 TV 드라마나 노래, 영화 같은 현대문화의 보급확산에 보조적 혹은 선도적 역할을 했다고 생각한다. 한국의 소비재 형 첨단제품의 확산이 한국산 제품에 대한 인식을 크게 개선했다고 보는 것이다.

경박단소(輕薄短小)한 한국의 휴대폰이 전 세계를 휩쓸었으며, 한국이라는 국가 브랜드 이미지를 첨단적이고 믿을 수 있는 상품을 생산하는 국가로 탈바꿈시켰기 때문이다. 비록 노키아라는 공룡이 버티고 있었지만, 세계 최초로 1,000만 대 판매라는 어마어마한 매출을 올린 휴대폰이 바로 LG전자의 초콜릿 폰이었고, 삼성전자는 Anycall이라는 브랜드의 다양한 제품 라인업으로 전 세계 휴대폰 시장을 휩쓸 때였다.

평균적인 휴대폰 가격은 좀 싼 냉장고 한 대 가격이었는데, 냉장고는 10년 이상 사용하는 상품임에 비해, 휴대폰은 2~3년을 사용하는 제품이다. 게다가 가구당 기준으로 볼 때 냉장고는 1 대만 있으면 되지만 휴대폰은 모든 가족이 다 가지고 있어야 한다. 따라서 휴대폰 시장의 매력은 냉장고 시장의 10배가 넘을 수 있다.

기존에 백색가전 즉 흰색 냉장고, 세탁기, 전자레인지 등과 같은 시장 전체를 합친 것보다 더 큰 시장이 새로이 탄생한 것이고, 그 시장을 선점하거나 쟁탈하기 위해 엄청난 투자를 했다. 신상품 개발뿐만 아니라 광고 홍보에도 매우 적극적이었다.

한국산 제품 특히 삼성과 LG 두 회사의 광고와 홍보는 TV, 잡지, 신문 등 전반적으로 폭넓게 진행되었다. 이때 두 회사는 시장을 선점한 것뿐만 아니라 우수한 디자인에 경박단소(輕薄短小)한 첨단 기술 이미지를 전 세계에 심어 놓았다. 물론 이때 삼성이 광고 홍보를 하면서 한국이 원산지임을 강조하지 않아서 일본기업으로 오인될 수 있도록 한 점도 있으나 전반적으로 한국산 제품의 첨단성을 일반 소비자들에게 홍보하고 한국의 국가 브랜드를 개선하는 데 큰 노력을 했다.

이런 전자 회사들의 노력은 2006년도에 KOTRA에서 조사한 설문 조사 결과에서도 잘 나타난다. 역동적이고 첨단적이면서 전문적인 이미지가 매우 강조되고 있었다. 성공한 산업이 한국의 국가 브랜드 이미지 자체에도 큰 영향을 미친 것이다. 전자산업의 성공이 국가 이미지를 긍정적으로 개선했으며, 그 국가 이미지가 타 산업인 화장품에도 매우 긍정적으로 작용한 것이다. 세부적으로는 화장품의 핵심 구매 요인(Key Buying Factor)의 하나가 바로 '신뢰성'인데, 그 신뢰성을 국가 브랜드가 강화해 준 것이다.

다. 화장품을 쓰는 이유

여성들이 화장품을 왜 쓸까? 대부분의 화장하는 사람들은 '예뻐지기 위해서', '아름다워지는 순간을 즐기려고', '안 하면 이상하잖아' 등등 다양한 반응을 보인다. 여성들이 화장을 하는 이유가 기능적인 특성 즉, 젊어 보이거나, 주름을 없애거나 피부를 하얗게 유지하기 위해서 하는 것만이 아니다. 다른 심미적인 특성이 매우 많이 포함되어 있다.

1) 화장품은 의약품이 아니다

의약품과 화장품은 응축된 화학적 성분으로 인간을 아름답고 건강하게 변화시킨다는 공통점을 가지고 있다. 가장 큰 차이는 함량이다. 의약품은 사람의 건강상태와 증상에 따라 대처 방법이 굉장히 다를 수가 있기 때문에 전문가의 처방을 받아 사용 함량에 주의를 요해야 한다. 하지만 화장품은 일반용이어서 누구나 해당 상품을 사용할 수 있다. 따라서 주요한 성분 함량을 낮춰야 한다.

예를 들면 심한 피부 손상 환자에게 사용하는 피부 재생 효과가 있는 의약품이 있다고 보면, 의사는 환자의 상태를 살펴서 부작용을 최소화하는 방향으로 처방해서 사용할 수도 있을 것이다. 하지만 모든 사용자가 자신의 상태에 대한 정확한 진단 없이 사용하는 것은 부작용을 초래할 수가 있으므로, 함량을 대폭 낮춰서 부작용을 최소화하여 화장품으로 만들기도 한다. 이럴 경우 부작용이 나타날 위험도는 거의 사라지게 되지만, 의약품에 비해 즉각적인 효과는 매우 약하게 나타난다.

화장품의 특성과 효능, 제형을 분류하는 데에는 수많은 방법이 있을 수 있으나 일반적으로 '기초'화장품과 '색조'화장품으로 구분된다. 물론 기초이면서도 색조의 특성을 가진 것도 많다. 여기서 기초란 주로 피부 자체를 보호하거나, 주름을 개선하는 것 등의 효과를 가지게 된다. 색조란 색깔로 심미적인 효과를 주게 된다.

의료화장품(cosmedical)이라는 용어도 있는데, 효과가 높은 화장품을 말한다. 다만 효과가 높다는 것은 해당 성분이 많다는 기능적 특성을 말한다. 예를 들어 주름을 개선하는 효과가 높다는 것은 주름을 개선하는 효과를 가진 화합물이 많이 함유되어 있다는 뜻이고, 특정 성분이 많이 포함되어 있다는 것은 다른 고농도의 화합물과 마찬가지로 잠정적인 위험요인을 가지고 있다. 즉 피부의 두께와 탄성 등은 사람마다 매우 다른데, 모든 사람에게 다 동일하게 적용되려는 것은 마치 어린이부터 노인까지 모든 남자들의 스키니 청바지를 하나의 사이즈로만 만들겠다는 것과 같은 이치이다. 따라서 전문가가 있는 고급 피부관리실 등에서 처치하기도 한다.

화장품의 경우 누구나 쓸 수 있는 범용이란 것 자체가 기능적 (Functional)이라기보다는 심미적(Emotional)인 요인이 많이 작용한다.

2) 편리함을 추구하는가?

사람이 편리한 것을 추구하는가? 당연히 추구하는 것이 인간이다. 사람이 아름다움을 추구하는가? 당연히 추구하는 것이 인간이다.

그러면 사람이 아름다워지기 위해서 편리함을 포기하는가? 그럴 수도 있고 아닐 수도 있다. 상황에 따라 다르다. 그리고 사람에 따라서도 다르다. 누구나 가지고 있는 보편적 가치들이 개인적 가치로 치환되어서 서로 상충할 때, 문제는 복잡해진다.

가끔 보편적 가치를 이야기할 때, 함무라비 법전을 예로 든다. 공평하다는 보편적 가치다. 눈에는 눈, 이에는 이! 그래서 서로가 공평해야 한다는 것이 기본 취지이다. 그런데 문제는 두 개의 눈의 상태가 같지 않을 때이다.

한사람이 다른 사람의 눈을 못 보게 했다 치자. 그래서 가해자와 피해자가 발생했다. 피해자가 왼쪽 눈을 다쳤다. 피해자는 가해자에게 자신이 당한 것과 동일하게 앙갚음을 하고 싶어 한다. 그런데 가해자의 왼쪽 눈은 원래부터 실명이었다. 그래서 오른쪽 눈을 내놓으라고 압박했다.

가해자는 억울하다고 들어 줄 수 없다고 한다. 그 이유는 피해자는 하나의 눈이 있어 생활에 큰 불편이 없지만, 자신은 하나의 눈 밖에 없으니 1 : 1로 등가적 비교가 안 된다고 한다. 그리고 눈에는 눈이라는 규정이 있다면, 왼쪽 눈을 내어 주는 것이 맞는다고 주장한다.

피해자는 다른 주장을 편다. 자신이 피해를 본 것은 왼쪽 눈의 '앞을 보는 기능'과 '외형-외부적 형태'를 손해 본 것인데, 가해자에게 기능과 외형을 동시에 손해를 입히지 않으면 안 된다고 주장을 한다.

화장을 하는 사람이 남성이건 여성이건 간에 단순한 아름다움 추구가 있는 것만 아닌, 품위 있는 아름다움, 매력적이고 품위 있는 아름다움, 고귀하고, 매력적이고, 품위 있는 아름다움. 이렇게 희망하는 조건(축, Axis)이 늘어날 때마다 화장품을 고르는 기준은 기하급수적으로 복잡해진다.

그중에서도 '나에게 맞는 화장품'('나의 피부에 맞는 화장품')이라는 것과 '내가 이 정도 수준이라는 것을 남들이 쉽게 알아 줬으면 하는 화장품'과는 때에 따라서 매우 상치된다. 나에게 맞는 화장품이란 극히 개인화된 상품이어서 이를 구현한다면 피부과 전문의와 향을 다루는 전문가 등등 관련 전문가 몇 명이 협업을 해서 여러 번 시험을 해서 한 사람을 위한 화장품을 만들어야 한다. 게다가 쓰는 사람의 자긍심까지 높여 줘야 한다. 특히 다른 사람의 시선을 전혀 의식하지 않을 수 없으니. 저렇게 매우 다양해질 수밖에 없는 모든 요구를 동시에 충족시키기는 불가능하다.

중국의 시진핑의 부인 펑리위안이 화장품 후(后)를 구매했다고 한다. 그리고 한국에서 다양한 다른 화장품을 구매했다고 한다.

그 이유는 뭘까? 본인이 사용하기 위해서? 남에게 주기 위해서? 아니면 동일한 것을 중국에서도 개발하라고 하려고? 하여간 덕분에 많은 기업들이 덕을 봤다. 기업들만 덕을 본 것이 아니라 한국 전체가 큰 덕을 본 셈이다. 그 이유는 화장품을 정점으로 하는 브랜드 이미지 전파효과가 있기 때문이다. 즉 특정 국가의 화장품을 믿고 쓸 수 있다는 것은, 다른 모든 상품에 대해서도 그만한 신뢰를 갖는다는 말이다.

그리고 펑리위안의 구매 이후 많은 중국인들이 즐겨 찾았으며, 이 덕분에 해외의 유수한 명품을 제치고 판매 1위를 달성했다고 한다.

중국인들의 구매 이유에 대해서 LG생활건강 관계자는 1) 왕후를 뜻하는 후라는 브랜드명과 2) 역시 높은 지위 및 부를 상징하는 금색으로 된 포장 용기 색에서 그 원인을 찾았다. 인터뷰 과정에서 핵심적인 사항이 몇 개 축약된 것이 아닌가 하는 생각이 든다.

화장품은 특정한 한두 가지가 좋아서 판매되는 경우도 있지만, 이런 세계적인 히트상품이 되려면 1) 품질, 2) 네이밍, 3) 용기디자인, 4) 제조사 이미지, 5) 사용자 이미지, 5) 브랜드 이미지, 6) 원산지 이미지, 7) 가격 등등 많은 측정 가능한 요소들이 서로 잘 결합해야 된다.

여기서 품질은 더욱 다양하게 세분된다. 퍼짐성, 발림성, 향, 점도와 유분감 같은 사용 순간에 느끼는 품질요인과 사용 후에 사용자가 '뭔가 좋아졌다' 혹은 '좋다'라고 느끼는 개선 수준 또는 개선 정도와 사용 후 지각 품질 수준과 같은 요인이 있다.

일반적으로 화장품 중에 가장 효과가 빠르고 체감 정도가 높은 것이 마스크 팩과 같이 피부에 보습효과를 제공하는 것이다.

펑리위안이 화장품을 구매한 이유에 대한 다양한 의견이 있을 수 있겠지만 명확한 것은 여성이기 때문일 것이다. 여성이 존재하는 한 화장품은 영원히 존재할 것이다. 화장품은 의약품이 절대로 할 수 없는 영역을 가지고 있다. 세계 최고수준의 피부 관련 전문병원에서 모든 피부 관련 문제를 다 해결해 준다고 해도, 화장품은 필요하다. 뛰어난 피부과 의사와 인간 DNA를 10대 후반으로 바꿔준다는 미래의 바이오산업도 절대로 할 수 없는 영역이 바로 화장품의 영역이 아닐까 한다. 화장품은 단순히 여성들의 피부만 관리하는 것이 아니다. 여성들의 심연 속에 있는 미의식을 함께 관리하는 것이다.

제5부

좋은 브랜드를 위한
제언

가. 좋은 브랜드란?

1) 좋은 브랜드란 무엇인가?

여기서 '좋은 브랜드'란 수익이 꾸준히, 지속해서 발생하는 경우를 말한다. 앞에서 말한 브랜드 관리를 위한 신제품 개발과 관리, 광고나 홍보 비용, 고객관리 비용이 많이 들어가지 않으면서도 지속해서 수많은 고객이 찾고, 이를 통해서 지속해서 수익을 내는 경우를 말한다. 이는 기업 측면에서 말하는 이야기이다.

한편 소비자 측면에서 이야기하는 좋은 브랜드는 기업의 수익 측면에서 이야기하는 브랜드와 다를 수 있다. 소비자 측면에서는 믿고, 쉽게 소유하거나 활용할 수 있으며, 구매하고 난 뒤에 다른 사람들로부터 긍정적인 반응을 얻는 것이다. 그리고 문제가 생겼을 경우에 만족할 만한 사후적 서비스를 받는 것이다. 소비자는 여기서 자신과 타인을 완전히 구분한다. 극단적인 예로 R 씨는 자신은 유명 상품을 싸게, 가까운 곳에서 혹은 인터넷을 통해 쉽게 구매하기를 희망하지만, 타인들도 싸고 쉽게 살 수 있기를 바라지 않는다. 그러는 순간 자신이 가지고 있는 상품의 가치가 떨어진다고 생각하기 때문이다.

대부분 브랜드를 만드는 사람들이나 관리하는 소위 브랜드 전문가들은 주로 소비자 측면에서만 생각하는 경향을 보이며, 기업 측면에서 생각하라고 한다면, 그것은 브랜드의 영역을 넘어선 혹은 경영이라는 다른 영역의 이야기라고 생각한다. 그래서 브랜드 관련 전문가와 경영 관련 전문가가 부딪힌다면 브랜드 관련 전문가가 상대적으로 수세에 몰리는 경우가 많다. 하지만 브랜드 전문가는 항상 소비자와 함께해야 하며, 또 그래야만 브랜드 전문가라는 소리를 들을 수 있다.

　　회사가 우선이냐 고객이 우선이냐는 문제는 항상 화두이다. 좋은 브랜드란 기업 측면과 소비자 측면을 어우르는 교합점에 있을 것으로 생각한다. 다만 대부분의 회사는 회사가 우선이다. 고객은 다시 모을 수 있다고 생각하기 때문인데, 생산이나 유통이 폐쇄된 곳에서는 가능한 일이지만, 모든 것이 열려가는 오늘날에는 점점 어려운 상황이 되어 가고 있다. 떠나간 고객이 다시 돌아올 수도 있다. 브랜드명을 바꿔서 재판매를 할 수도 있다. 하지만 한번 망가진 브랜드를 되살리는 것은 매우 어려우니, 차라리 새로 만드는 것이 더 낫다. 혹은 다른 계층 혹은 집단을 고객으로 확보해서 고객을 재정의할 수도 있다. 하지만 브랜드명을 바꾸거나, 고객을 재정의하는 순간, 그동안 그 브랜드를 위해서 투입한 모든 것은 날아가 버리고 만다. 그 순간 그 회사는 더 이상 마케팅을 하는 기업이 아니며, 마케팅을 하지 않는다는 것은 상품의 고부가가치화를 통한 이윤 획득 회사가 아닌, 생산관리를 통한 노무자들의 인건비에서 이윤을 획득하거나, 자원이나 자본에서 이윤을 획득하는 관리회사가 된다.

2) 좋은 브랜드를 유지 관리하기 어려운 이유

우리나라 전문 경영인들의 다수는 브랜드의 유지 관리에 어려움을 겪는다. 왜냐하면 브랜드의 성과란 몇 년 혹은 몇십 년 긴 호흡으로 가져가야 하는 것이며, 전문 경영인으로서의 성과는 년간 단위로, 혹은 분기 단위로 측정되기 때문에 긴 브랜드 전략을 가져갈 수도 없고, 가져갈 필요도 없다. 오히려 괜히 브랜드력을 키우기 위해 투자를 했다가 정작 자신은 과일을 못 따 먹으면서도 후임자의 성과만 빛내줄 수 있을 우려가 있을 뿐만 아니라, 당장 자신의 경영성과 평가에 긍정적이지 못한 영향을 미치는 경우도 있다. 그래서 일부 대기업에서는 브랜드력 측정 혹은 관리 기능을 그룹의 감사실, 혹은 회장 비서실 등에서 동시에 가져가는 경우도 있다.

나. 좋은 브랜드를 만드는 비법

1) 품질을 우선하라

상품의 품질은 무엇보다 중요하다. 품질 우선주의가 되어야 한다. 다만 가격대에 맞는 적정 수준이라는 것을 지킬 필요가 있다. 그 이유는 상품이 완성도를 높이는 데 투하되는 비용이 기하급수적으로 높아지기 때문이다. 대부분의 생활소비재에는 적정 수준의 품질을 유지하면 된다. 이때 흔히들 '이 사업은 로켓 사이언스(Rocket Science)가 아니다'라고 말한다. 즉 달에 우주왕복선을 보내듯이 엄청난 정밀도를 유지할 필요는 없다는 것이다. 적정 수준의 완성도가 필요할 뿐이다. 다만 포장재 등 외관에서는 절대 불량이 발생하지 않아야 한다.

품질로 이름을 얻은 대표적인 화장품 브랜드를 꼽으라면 BB크림을 꼽고 싶다. 한국화장품 중 대표 수출 상품의 하나가 바로 BB크림이다. BB크림은 잇코(IKKO)상이라는 일본 유력인사인 분이 2007년 직접 한국에 와서 구입한 한스킨이라는 회사의 BB크림을 자신이 진행하는 오네만즈이라는 일본 TV 방송에서 추천해 화장품 한류를 일으켰다. 잇코상은 여장 남자인데, 여성에 대한 성 감수성이 뛰어난 점이 있어 일본에서 유력인사이다.

당시 큰돈이 없는 사람이 실용적으로 쓸 수 있는 품질 좋은 한국화장품이라는 콘셉트로 소개한 것이다. 잇코상은 유력 브랜드를 소개한 것이 아니라, 품질력이 좋은 상품을 소개한 것이고, 그것이 일본의 시청자들에게 먹혀든 것이다. 사실 BB크림(BB cream, beblesh balm)은 독일 피부과에서 환자 피부 치료 후 피부 재생이나 보호 목적으로 주로 사용하는 제품을 화장품화 한 것이다. 그 뒤 한국에서 이 성분을 바탕으로 자외선 차단기능 위에 보습, 주름 개선, 메이크업 베이스 기능까지 갖추면서 현재 형태의 BB크림을 만들었다.

우수한 제품력으로 성장의 토대를 잡은 셈이다. 하지만, BB크림이란 성분명으로 홍보를 하면서, 브랜드적 자산가치 확보에 실패했다. 성분명이란 누구나 쓸 수 있기 때문이다. 그리고 뒤를 이은 다른 대기업들의 빠른 이등 전략(Second-Fast)에 밀렸다. 에뛰드라는 아모레퍼시픽 그룹의 색조화장품 브랜드에서 이를 적극 활용해서 상당한 매출을 올렸다.

여기서 몇 가지 다양한 해석을 하는 사람이 있다. 한스킨이 셀트리온이라는 다른 대기업에 팔린 것과 아모레퍼시픽과 같은 회사들과의 경쟁에서 밀릴 수밖에 없었던 이유 등등을 주로 이야기하기도 한다. 다만 분명한 것은 앞에서도 언급했듯이 가격대비 뛰어난 품질력이 잇코상이 추천한 주된 이유였다. 따라서 품질력이 가장 중요하다는 것을 다시 강조하고 싶다. 그다음으로 브랜드 관리라는 개념이 적용되기 어려운 'BB크림'만으로 알려져서 그 과일을 충분히 따지 못한 아쉬움이 있다. 이때 한스킨 측의 브랜드 전문가의 역량보다, 타 기업들의 브랜드 전문가들의 역량이 더 뛰어나서 그런 측면도 있다.

2) 지명을 활용하라

가) 좋은 지명의 특징

누구나 갖기를 원하고, 가지고 있는 것만으로 만족감이 주어지는 브랜드가 있는가? 그런 것이 어디 있냐고 말하겠지만 바로 아름다운 자연과 문화적 자산으로 세계인을 끌어모으는 로마와 바티칸 미술관, 베네치아, 프랑스 파리, 뉴욕, 알프스, 하와이, 동경, 상해와 같은 세계적 명승지와 문화가 풍부한 선진 대도시들이 바로 그런 곳이다. 이들 명승지와 대도시들은 현 상태를 유지하기 위한 비용보다 이들 이름을 통해서 벌어들이는 수익이 훨씬 더 많다.

이런 좋은 지명 브랜드의 구성요소는 해당 지명이 갖는 브랜드 연상, 경험, 인지도, 선호도, 호감도 등등 많은 학자들의 연구에서 밝힌 것처럼 아주 다양하게 나열할 수도 있고, 일부 경영인들처럼 품질 측면과 감성 측면으로 구성되어 있다고 간단하게 정의할 수도 있지만, 대부분 "풍부하고 복합적이면서도 다양한 연상"을 동시에 가지고 있으며, "해당 브랜드 관리 담당부처에서 지속해서 관리"하기 때문이다. 서울을 예를 들더라도 연간 수천억의 브랜드 관리 유지비용이 들어간다고 볼 수 있다. 예를 들면 오세훈 시장 때, CNN에 날씨 예보를 하는 세계 대도시에 '서울'을 포함시킨 것이라든가, 2020년도 박원순 시장의 서울시 홍보예산 1,035억은 하나의 작은 예에 불과하다. 다른 수많은 활동과 예산이 수반되는 축제, 이벤트가 기획되기 때문이다. 이 축제들 중에는 각 구청 등에서 실시하는 축제와 스포츠 행사 등도 당연히 포함되며, 서울시의 브랜드를 높여 준다.

그런데 여기서 유의할 점은 대도시들의 이미지와 관련된 브랜드들은 대부분 그 대도시가 소속된 국가의 브랜드보다 높다는 것이다. 앞의 브랜드 네이밍을 설명할 때, 장소에 관한 부분에서 잠시 설명한 적이 있지만, 대한민국 브랜드 이미지보다는 서울이 더 높고, 프랑스 이미지보다는 파리의 이미지가 높다. 미국보다는 뉴욕이 높고, 일본보다는 동경이 높다. 그리고 영국보다는 런던이 더 높다. 물론 이때 각각의 대도시의 이미지가 필요한 상품의 경우에 해당되겠지만 이런 대도시의 이미지를 차용하는 것은 매우 효과적이다. 대부분의 공산품의 경우 이런 대도시의 이미지가 더 덕이 된다고 본다.

물론 1차 산업 생산이나 자연적인 측면이 필요한 것은 예외가 될 것이다. 예를 들면 사과나 귤, 생선, 해조류와 같은 농수산물, 물, 공기, 햇살 등과 같은 자연적인 것은 예외일 것이다. 하지만 이런 농수산물이나 자연물의 경우도 대도시의 명성을 잘 활용한다면 전혀 알려지지 않은, 혹은 전혀 긍정적인 연상이 없는 지명만을 붙인 것보다는 훨씬 나을 수 있을 것이다. 예를 들면 잘 알려지지 않은 WpaRilOR라는 지명(사실 가공의 지명이다)을 사용하는 것 보다는 (할 수 있다면) 대도시의 지명을 곁들여 사용하는 것이 낫다. 이에 대해서 '좀 억지스럽다'라는 말이 나온다고 하더라도 - 간단한 연결고리라도 만들어 놓을 수만 있다면 - 없는 것보다는 있는 것이 훨씬 낫다. 이론적으로 볼 때(이런 홍보 광고 측면에서 볼 때, 정치인들이 온갖 이론을 다 만들어 낸다) 적어도 소비자의 어떤 반응을 끌어낸다는 것은 그 어떤 반응도 일으키지 못하는 나쁜 의미에서의 '투명인간'과 같은 '투명상품'보다는 낫다. 신문뉴스에 달리는 악플이 무플보다 낫다는 의미와 같다.

나) 지명 활용의 예시

세계 최고의 브랜드 상품 중의 하나가 바로 애플(APPLE)이다. 그 애플도 뒷면에 보면 꼭 "California"라는 지명을 삽입한다. 아래의 제품 뒤쪽에 있는 "Designed by Apple in California"라는 슬로건이 대표적이다. 원산지가 "중국"임을 희석하려는 의도이기도 하지만, 미국 캘리포니아의 이미지는 결코 가볍게 여길 것이 아니다.

iPhone

Designed by Apple in California Assembled in China
Model A1387 EMC 2430 FCC ID: BCG-E2430A IC: 579C-E2430A

Iphone 4 뒷면

또 다른 하나의 사례를 들어보자. 이탈리아 명품 브랜드 중의 명품 브랜드인 Silvano lattanzi, 구두 회사이다. 한 켤레에 최하 1천5백만 원에서 비싼 것은 5천만 원. 물론 그 이상의 가격대 구두도 있다. 숙성 구두로도 유명하고, 삼성그룹 이건희 회장이 즐겨 신었단다. 세계 최고급 부자들만을 대상으로 하는 상점의 입구에 가면 그 동안 개점한 가게의 명단이 금박으로 표기되어 있다. 로마, 피렌체, 나폴리와 같은 이탈리아 주요 도시를 시작으로 써 내려가다가, 뉴욕, LA, 도쿄, 상하이 등과 같은 경제력 있는 고객들이 살고 있음 직한 주요 도시 이름이 적혀 있다. 보통 사람들에 홍보할 일은 별로 없을 듯하고, 그래서인지 대부분의 사람들이 잘 모르는 브랜드명이다. 그런데도 저렇게 대도시 이름을 적어 놓은 것만으로도 해당 상표가 세계적으로 널리 퍼져 있으며, 중요하고도 유명한 브랜드임을 알려주려고 한다. 굳이 여기서 이 브랜드 명과 상점의 마케팅 활동을 설명하는 이유는, 이미 세계적으로 인정받은 초고가의 명품 브랜드도 자신들이 진출한 도시의 이름을 당당하게 활용한다는 것이다.

매장 앞 전경   진출 도시 명단

Silvano lattanzi 구두 매장 앞. 세계적인 부유층이 사는 도시에 진출해 있고 그것을 마케팅 도구로 활용하고 있다(로마, 뉴욕, 도쿄, 상하이, 광저우 등이 표시되어 있다).

(1) 지명을 활용한 브랜드 – 컴퓨터 주변기기

(가) CISCO와 3M

미국 서부 캘리포니아 주에 본사를 둔 시스코 시스템즈(Cisco Systems)는 글로벌 네트워크 시장의 약 70%를 장악한 막강한 기업이다. 이 회사는 1984년에 미국 스탠퍼드 대학교 전산 담당자로 일하던 부부가 창업했는데, 샌프란시스코 출신 엔지니어의 의견을 따라 샌프란시스코(San Francisco)에서 뒷글자만 따서 소문자인 cisco로 이름 지었다. 그 후 CISCO라고 대문자로 바꿨다. 회사 로고 또한 샌프란시스코의 상징물인 금문교이다.

한편, 3M은 미네소타 광산 및 제조업(Minnesota Mining and Manufacturing)이라는 이름에서 나왔다. 매우 창조적인 회사임에 틀림이 없다. 광산제조업을 하는 회사의 이름 3M이라는 숫자와 한 글자의 대문자 알파벳으로 상징화하고, 뛰어난 화학기술을 이용해서 컴퓨터 장비 등의 부자재, 편광유리판 등 수많은 히트상품을 만들어 낸 것이다.

(2) 지명을 활용한 브랜드 - 자동차

(가) 코란도(KORANDO)와 코린도(KORINDO)

코란도(**KORANDO**)는 쌍용자동차에서 만든 자동차 브랜드로 1983년경부터 사용하기 시작한 한국의 최장수 자동차 브랜드의 하나이다. 코란도의 어원은 '**KOREAN CAN DO!** (한국인은 할 수 있다!)'의 줄임말이라고 한다. 자동차 브랜드에 한국이라는 이름이 들어있어 성장기 한국의 경제발전 신화와 잘 결합한 슬로건형 브랜드이다.

한편 인도네시아 최대의 한국인 뿌리의 기업일 뿐만 아니라, 재외한인으로서 일군 세계적인 기업 중의 하나인 코린도(**KORINDO**) 그룹의 이름에도 한국과 인도네시아의 이름을 축약해서 사용함으로써 그 정체성을 명확히 했다. 이 코린도 그룹은 주로 삼림 조림업 등에 탁월한 핵심 역량을 갖추고 있기도 하지만 한때 한국 자동차를 판매하기도 했다.

(나) BMW와 FIAT

전 세계적으로 완성차 제조회사를 가진 나라는 많지 않다. 나라가 적정 수준 이상이어야 채산성이 맞다. 인구도 최소 5천만 정도는 되어야 하고, 소득수준과 기술력이 있어야 한다. 차라고 해서 다 같은 차가 아니다. 이름이 있는 유명한 자동차는 다른 일반 차량에 비해 3배 혹은 10배의 높은 가격에 판매된다.

많은 사람들이 가지고 싶어 하는 고급브랜드 중의 하나가 바로 BMW이다. 그리고 PIAT는 우리나라 차량 제조기술력이 좋지 않았을 당시 기아차에서 조립생산을 한 적이 있다. 이 두 완성차회사는 회사 이름을 지을 때 회사가 위치한 지역의 이름을 넣었다.

BMW는 대부분의 사람들이 '비·엠·더블유'라고 발음하지만 이 자동차의 원산지인 독일에서는 베·엠·붸라고 발음한다. 독일어이니까. 독일어로 Bayerische Motoren Werke인데 영어로 표기하자면 Bavarian Motor Work와 비슷한 뜻이 되겠다. 한국말로 하자면 바이에른의 자동차 공장이다.

바이에른(Bayern)은 독일 서남부의 주로 알프스산맥 북쪽에 있는 주이며, 주도는 뮌헨(München)이며, 옥토버 페스트(Oktoberfest)라는 맥주 페스티벌로 유명한 곳이다. 이곳 페스티벌에 가면 곳곳에서 100년이 지난 엔진의 시동을 걸어서 유럽 내륙지역 산업혁명 발상지로서의 이미지를 알린다. 물론 아주 시끄럽고, 매연도 많이 나오지만 시끌벅적한 맥주 페스티벌의 분위기와 사뭇 잘 어울린다고도 볼 수 있다.

세계 판매량 1위라는 버드와이저(Budweiser). 미국회사의 맥주 이름으로 알려졌지만 바이에른 지역과 밀접한 관계가 있다. 뮌헨의 옥토버 페스트에서 다양한 맥주를 자랑하는데 뮌헨의 뛰어난 맥주 제조기술 덕분이다. 그리고 맥주의 원료가 되는 양질의 곡물들이 생산된다. 이곳 사람들이 라거 맥주라는 형태의 맥주 제조기술을 체코에 전수했고, 그 기술을 바탕으로 체코의 버드와이저가 만들어졌다. 미국으로 건너가 세계적인 맥주가 된 것이다. 그래서 옥토버 페스트에 가면 버드와이저가 바이에른 지역 맥주 기술이라고 홍보한다.

FIAT는 Fabbrica Italiana Automobili, Torino(빠브리까 이탈리아나 아우또모빌리 토리노)의 준말로 번역하자면 '토리노에 있는 이탈리아의 자동차 회사'쯤 된다. 이탈리아 산업혁명의 발상지의 하나인 이탈리아 북서부의 토리노(Torino) 지역에 FIAT 본사가 있다. 1899년에 만들어졌으니 120년 정도 된 셈이다. 1970년대만 하더라도 토리노는 알프스 남쪽에 있는 부유한 산업도시였으나, FIAT의 경쟁력이 약화하면서 일자리가 부족하게 되어 약 30% 이상의 인구가 다른 곳으로 이주해 가서 많은 어려움을 겪고 있다. 전성기 대비 30% 이하로 줄어든 미국의 오대호 인근의 산업도시 미시간 주(Michigan State)의 디트로이트(Detroit)보다는 상황이 낫지만 오래된 역사를 가진 도시가 흥하다가 갑자기 어려움에 처하니 도시 조경이며 건축물들의 모습이 말이 아니었다.

(다) 디트로이트(Detroit)

디트로이트(Detroit)는 세계 최초의 성공한 내연기관 승용차회사인 포드(Ford) 차의 본 고장이며, 포드차와 더불어 세계 자동차의 빅쓰리(Big Three)였던 GM(General Motors), 크라이슬러(Chrysler)의 본고장이다. 이들 거대산업 덕분에 미시간 대학이라는 명문대학이 탄생하고, 피터 드러커(Peter Drucker)라는 석학이 탄생한 배경이 되었다. 피터 드러커는 GM이라는 당시 세계 최고 최대의 민간 조직-효율적이면서도 이전에 경험하지 못한 많은 문제를 동시에 안고 있던-의 문제를 연구하고, 그 종업원들을 인터뷰했으며, 그들의 비정형화되어 있던 지적자산을 손쉽게 획득할 수 있었다. 사실 그 당시 그의 지적자산의 대부분은 GM이라는 조직 내에 산재해 있는 비정형화 혹은 미발표된 자산의 일부라는 평가가 있을 만큼 대단한 조직이었다.

디트로이트에서 자동차 산업이 흥할 때는 디트로이트라는 지명이 빛을 발했으나, 자동차 산업이 망하고, 인구가 30% 이하로 줄어들어 폐허에 가까운 모습을 가진 오늘날 디트로이트의 지명은 빛을 잃었다.

지명의 가치는 당시의 경제적 사회적 상황을 반영한다. 따라서 해당 지역이 성할 때는 해당 지명을 활용하는 것이 좋지만, 그렇지 않을 때는 곤란해진다. 방탄소년단 BTS가 세계적인 스타가 되어있으며, 동남아와 인근 지역에서 한류가 성하고, 싸이(Psy)의 강남스타일(GANGNAM STYLE)이 세계를 휩쓸 때의 한국산 브랜드, Made In Korea, 혹은 강남 디자인(Designed By Gangnam)은 분명히 훌륭한 전략임에 틀림이 없다.

다만 위의 예처럼 산업, 혹은 다른 특정한 단일한 것으로만 주로 형성된 도시나 지명에 대한 브랜드는 가급적 피하는 것이 좋다. 지명을 활용할 때에는 해당 지명이 가지고 있는 문화적, 역사적, 정치적, 경제적 자산을 동시에 고려하는 것이 좋다.

예를 들자면 인도네시아나 파키스탄, 방글라데시 등과 같은 모슬렘 국가의 소비자를 대상으로 자사 상품의 홍보를 강화하고자 한다면 사우디아라비아라는 국가나 코란에 등장하는 좋은 이미지를 가진 지명 등을 활용하는 것이 훨씬 유리할 것이다.

아래 3개의 예시 중에 1번보다는 2번이, 2번보다는 3번이 확실히 더 낫다. 다만 3번과 4번은 어느 것이 더 낫다고 단정하기 어렵다. 그이유는 4번의 경우 너무 많은 정보를 담고 있어서 브랜드 설명 소재로서 적합하기보다는 상품 설명문에 가까울 수 있기 때문이다.

지역명 활용 예시

지역 이미지 구분	예시 1	예시 2	예시 3	예시 4
생산 지명	WpaRilOR	WpaRilOR	WpaRilOR	WpaRilOR
공급관리 및 상품 설계 (Planed & Designed by)	(표기 없음)	콜라보 : 미국 & 한국	콜라보 : 뉴욕 & 서울	콜라보 : 뉴욕 맨하탄 & 서울 청담
판매 처	(표기 없음)	(표기 없음)	(표기 없음)	NEW YORK LA SEOUL LONDON

다만 위 예시의 4번으로 쓴 몇 개의 예시를 들어보자. 서울과 같은 수도의 이름이나, 서울의 종로나 명동과 같은 구체적인 지명을 브랜드 혹은 브랜드 보조요소로 활용하는 것은 다른 많은 나라에서도 활용되고 있다.

다) 지명 활용의 한계와 극복 방안

낙원떡집이라는 떡집이 있다. 낙원동에 있는 낙원떡집의 경우 100년이 넘었다고 주장하는, 한국 기준으로 볼 때 매우 오래된 떡집이지만, 상표권이 없어 한국에만 400여 곳에서 같은 이름으로 영업을 한다고 한다. 비원떡집 등 왕가 혹은 고관대작들이 살았던 구도심 핵심 지역의 이름을 차용하는 것은 나쁘지 않다. 다만 지명을 직접 활용하는 브랜드의 경우 상표의 권리화가 쉽지 않은 단점이 있다. 다만 이런 경우 아래와 같이 다른 오브제로 해결해서 브랜드를 강화하는 것이 좋다.

봉추찜닭으로 상호를 고친 안동찜닭 이야기다. 원래는 안동찜닭이라는 이름으로 사업을 시작했다. 해당 찜닭의 원형질이 바로 경상북도 안동에 있기 때문이다. 우리나라 음식 중에 지역별로는 호남 음식이 특히 맛이 좋다고 하지만, 경북지역의 음식은 그다지 맛이 좋다고들 하지 않는다. 산간 내륙지방이라는 식재료의 한계뿐만 아니라, 산이 많은 지형상 항상 풍족하지 못했기 때문에 맛보다는 양이 우선이었다. 다만 예외가 있는데 안동이라고 한다. 안동은 경북 내륙지방이지만 간고등어와 같은 해산물, 안동식혜 등 양반가의 고급 음식이 전해지고 있다. 그 안동의 전통시장에서 맛이 좋은 안동찜닭 제조법을 익혀 서울에 처음 개업할 때에는 안동찜닭이라는 상호로 영업을 시작으로 했다.

음식의 맛이 뛰어나 손님들이 들끓기 시작하자 프랜차이즈 사업으로 방향을 바꿨다. 지역명을 브랜드로 등록하려다가 상표권의 권리화

등에 따른 문제가 있어 봉추찜닭으로 상호를 고쳤다, 봉추찜닭의 장준수 사장은 이미지 관리를 위해 내부의 인테리어뿐만 아니라, 식기와 수저 등에서 문화의 고향이자 한국 정신문화의 수도라고 지칭하는 안동의 고풍스럽고도 세련된 고즈넉함을 오브제로 활용하면서 봉추찜닭은 안동찜닭을 대표하는 이미지로 부각되었고 많은 소비자 호응을 얻고 있다.

이처럼 권리화와 획득 이미지가 다른 경우는 많이 존재한다. 예를 들어 락앤락이라는 밀폐 용기는 2중 잠금이라서 내용물이 밖으로 흐르지 않는다. 이 회사는 중국에 진출 후에 상표권 분쟁에서 졌다. 하지만 락앤락은 이미 소비자들의 기억 속에 깊숙이 각인되었고, 상표권의 문제와 상관이 없이(전혀 없지는 않았겠지만), 해당 카테고리 최고의 브랜드로 자리매김하고 있다. 그 이유는 바로 '기업은 브랜드를 만들고, 소비자는 브랜드를 소유한다'라는 유명한 말처럼 품질과 선점한 이미지로 소비자들에게 각인되어 있기 때문이다.

3) 운을 활용하라. 꾸준히 하다 보면 반드시 큰 운은 오게 되어있다

가) 이탈리아의 고현정 크림

우리나라에서 고현정 크림이라는 것이 유행한 적이 있다. 세계적인 문화유적지가 있는 관광도시 이탈리아 피렌체에서 시작된 화장품 브랜드이다. 재벌가에 시집을 간 인기 여배우 고현정 씨가 애용한다고 알려지면서 이탈리아를 들른 사람들이 필수적으로 몇 개 가져오는 브랜드가 되었다. 이탈리아 밀라노에 있는 화장품 가게 판매사원은 이탈리아인이었지만 구매자들은 대부분 한국인이다. 대부분의 물품은 한글로도 안내되어 있었다.

이 브랜드의 가장 중요한 용처는 선물용이다. 스스로 사용하기 위해서 사는 것이 아니라 남에게 선물하기 위해서 사는 것이다. 주는 사람과 받는 사람이 모두 폼난다. 주는 사람은 이탈리아 피렌체 혹은 밀라노는 다녀왔다는 것을 증명해 준다. 현지 거주 한국인과 한국인 가이드들을 통해 이 브랜드의 이름이 점점 퍼져나가기 시작했다. 사실 재구매율이 그렇게 높지는 않다.

이 브랜드가 한국인과 어떤 관계가 있는지, 한번 살펴보자. 먼저 이 브랜드는 소위 말도 많은 대기업 브랜드다. 삼성그룹 창업주 이병철 씨의 외손자인 정용진 씨의 전처 즉 고현정 씨가 애용했다고 해서 고현정 크림이라는 이름이 붙었다. 이 브랜드가 한국에 알려지고 난 뒤에 삼성그룹에서 한국에 대한 독점 수입권을 확보했다. 돈 몇 푼 하지 않는 수입권을 대기업이 확보했다고 해서 말도 많았었다. 이 브랜드에 대해서 삼성물산 제일모직이 수입을 결정할 당시 이 브랜드는 한국 매출 의존도가 90%가 넘었다고들 한다.

보통 저런 부띠끄 회사들의 매출은 극비에 가깝다. 있는 그대로 매출을 공개하지 않는다. 다만 당시 삼성물산에서 해외의 명품을 선별해서 한국에 들여오려 한 적이 있다. 대기업이 특히 '삼성이 저런 애들 코 묻은 돈까지 탐한다'라고 언론의 놀림감이 되기도 한 저 브랜드는 대부분 한국인들이 사 가고 있으며, 수출 물량의 대부분은 한국이라는 것이다.

매장 내부 모습 : 1612년부터 시작했다는 것을 명기했다. 오랜 역사를 강조한 이유는 '400년 이상 동안 부작용이 없이 많은 이의 사랑을 받아왔다'라는 점을 강조하기 위한 것이다.

밀라노 매장의 내부 모습인데, 1612년에 출시했다는 것을 매우 강조하고 있다. 한편으로는 '400년이 넘었다'라는 찬사와 더불어 '그 긴 기간 동안 뭐했어?'라는 조롱을 받기도 한다. 하지만 좋은 브랜드란 오랫동안 자신의 정체성을 잘 유지하면서 꾸준히 가다 보면 '고현정 크림'이라는 큰 운을 만날 수도 있다. 큰돈을 들여 '도 아니면 모'라는 전략을 쓸 수도 있으나, 오랫동안 지속하다 보면 큰돈 들이지 않았는데도 불구하고 행운처럼 찾아오는 기회가 반드시 있게 마련이다. 아래의 다른 예를 하나 더 들어보자.

나) 샤넬 - 운도 노력이고, 노력도 운이다.

흔히들 샤넬 향수는 메릴린 먼로가 대중매체를 통해서 홍보했다고 알려진 브랜드이다. 6.25 한국전쟁 당시 한국에서 전쟁 수행 중이던 미군을 위문 공연하러 한국도 방문한 적이 있는 이 전설적인 여배우가 샤넬 향수를 홍보했다고 알려져 있다. 인터뷰 중에 메릴린 먼로가 샤넬 향수를 좋아한다고 말했다는 것이다. 샤넬로서는 대단한 행운이 아닐 수 없다.

그러나 그 이면을 살펴보면, 샤넬이 매우 체계적으로 메릴린 먼로의 명성을 활용했으며, 그녀의 사후에도 엄청나게 집요하리만큼 그이미지를 재구성하고 재활용하고 있다는 것을 알게 된다. 그것을 '브랜드 일관성', '브랜드 아이덴티티 유지'라는 말로 설명하기도 하지만, 또 다른 측면에서는 '브랜드 이미지의 리뉴얼'이라고도 볼 수 있다. 즉 완전히 바꾸는 것이 아니라, 시대적 상황에 맞게끔 브랜드 이미지를 살짝살짝 들어 올리는 것이다. 예를 든다면 동일한 사진을 사용하더라도 해당 시대 상황에 맞게 톤을 살짝 바꿔주는 식이다. 샤넬로서는 메릴린 먼로를 모델로 잡은 것이 큰 행운이며, 그 행운을 놓치지 않고 지속해서 관리한 것이 더욱 더 큰 행운이다.

다) 운 관리하기 : 마르비스 치약 - 외국에서 사정해도 진출하지 않는다

마르비스 치약은 뒷맛이 깔끔한 치약이라는 콘셉트로 한국의 유력인사들의 호평을 얻었다. 최근까지도 10여 년 가까이 꾸준히 인기가 높은 마르비스 치약은 한국에는 공식적으로 수입이 금지되어 있었다. 그 이유는 불소 함유량이 한국의 기준치를 넘어선 것이었다. 2011년 당시 이탈리아는 그리스에 채권이 물려서 경제적으로 어려운 상황이었다. 그런데도 마르비스 치약은 꾸준한 판매 덕분에 경제적 여력이 있었고, 한국인들에게도 비교적 좀 알려진 브랜드였다.

마르비스 치약은 치약을 기호품화 한 것이다. 다양한 색상에 다양한 향을 가미해 칫솔질하는 데 재미라는 요소를 가미한 것이다. 건강이라는 다소 힘들고 딱딱한 내용에 재미를 가미한 것이다.

마르비스 치약

당시 마르비스 치약 회사 오너를 만난 한국의 고위 관료는 회사 오너에게 한국에 투자를 하라고 권했더니, 회사 오너가 싫다고 했다고 한다. 지금 상태가 가장 좋다고 했다. 본인은 더 이상 늘리기 싫다고 했다고 한다. 지금 이 상태가 본인이 관리하기 딱 맞은 것이라고 말했다고 한다.

이탈리아인의 경제적 관념을 엿볼 수 있는 대목이다. 당시 마르비스 회사 오너가 '글로벌'화에 뒤져있다고 한탄한 적이 있었다. 저러니 이탈리아 경제가 이 모양이라고 비웃은 적이 있다. 돌이켜 생각하니 당시 책이나 신문으로만 글로벌화를 외쳤지 글로벌화가 진행됨에 따라, 그리고 회사가 성장함에 따라 함께 갖춰야 할 많은 부수적인 것에 대해서는 사람들이 잘 알지 못했다.

이탈리아와 일본은 세계에서 가장 많은 초장수 기업들을 가지고 있는 나라이다. 두 나라 모두 오래된 전통 유지에 그에 따른 장인정신이 살아있기 때문이라고 생각한다.

최근 중국이 스스로를 오랫동안 인내하면서 준비해 왔다는 '도광양회'라는 사자성어를 들을 때가 있다. 브랜드도 사업의 성공도 오랫동안 잘 준비하지 않으면 비상사태에 대비하기가 어렵다. 브랜드의 가장 큰 목적은 보다 영속적으로 생존한다는 데 있기 때문이다. 마르비스 치약의 회장이나 내가 경험한 다수의 전통적인 이탈리아 경제인들은 매우 보수적이고, 현실적이었다. 그리고 해외로 나가려 하지 않은 단점이 있지만, 해외에 나가지 않으려는 이유를 충분히 설명하고도 남을 많은 이유를 가지고 있었다. 그들에게는 성공확률이 중요한 것이 아니라, 영속 여부가 훨씬 더 중요한 것이다. 이게 운을 관리하는 방법의 하나이다.

4) 미투(Me Too) 브랜드 전략도 매우 중요한 전략이다

가) IMOVATOR : 창조적 모방

"좋은 예술가는 베끼고, 훌륭한 예술가는 훔친다"라는 이 말은 21세기 최고의 창의적인 화가 중의 한 명인 피카소가 한 말을 21세기 최고 부자 사업가였던 스티브 잡스가 1996년에 인용하면서 유명해진 말이다.

아이디어를 만들 때 세상에 없던 것, 아주 훌륭한 것을 만들어야 한다는 생각은 버리는 것이 좋다. 그런 능력이 있는 사람이면 이런 책을 읽을 확률은 10억 분의 1도 되지 않을 것이다. 볼테르(Voltaire)라는 프랑스 철학자는 "독창성이란 단지 사려 깊은 모방이다"라고 말한 바 있다. 자산이 150조 원이 넘어 한때 세계 최고의 부자 자리에 올랐던 월마트 창업자 샘 월튼은 자서전에서 "내가 한 대부분은 남이 한 일을 모방한 것이었다."라고 밝힌 바 있다. 혁신가 중의 혁신가가 한 말이다. 실제로 월튼이 백화점과 슈퍼마켓을 결합한 하이퍼마켓의 아이디어를 브라질 업체에서 모방했다고 한다.

창조적 모방에 대한 학술적으로도 많은 연구가 있었다. 모방적 혁신가에 대해서 오디드 쉔커(Oded Shenkar)라는 미 오하이오 대학교 교수는 모방가(Imitator)와 혁신가(Innovator)의 합성어인 이모베이터 (Imovator)라는 말을 만들어 냈다.

미투(Me Too)는 여러 가지 분야에서 나올 수 있다. 디자인에서 나올 수도 있고, 기능에서 나올 수도 있다. 따라 하는 것이 결코 나쁜 것이 아니라, 철학 없이, 목적 없이, 잘 모르고 무턱대고 그냥 복사하듯 하는 것이 잘못된 것이다.

나) 쿠지(COOGI)와 구찌(GUCCI)

쿠지(COOGI)라는 브랜드는 정운호 사장이 만든 것이다. 정 사장은 화장품 판매업 등의 일을 하다가 화장품 사업에 뛰어들었다. 더 페이스샵을 만들어 대기업에 넘기고 네이처 리퍼블릭이라는 다른 브랜드를 또 만들어 히트를 해 수백억 원을 만졌다. 원래 화장품에 대해서 깊이 있는 지식을 쌓아 시작했거나, 브랜드에 대한 전문지식을 갖추고 시작했다기보다는 화장품과 브랜드에 대한 본질을 명확히 파악하고 자신의 한계를 매우 잘 알았다고 봐야 한다.

만일 정운호 사장이 대기업 내에서 직원으로 혹은 명망가 사업가와 같이 일을 하면서 구찌(GUCCI)라는 이탈리아 명품 브랜드를 모방한 쿠지(COOGI)라는 브랜드를 만들 수 있었을까? 하는 생각을 해 본다. 많은 소비자들은 중저가의 가격으로 실속 있는 브랜드를 찾을 때가 많다. 그 허점을 집중 공략한 것이 바로 그의 전략이다. 그런 전략에서 유명 명품 브랜드의 이미지를 가차 없이 차용했고, 당시 대기업들이 장악하고 있던 화장품 오프라인 시장에서 굴지의 기업으로 급성장했다.

다) 라코스테와 크로커다일

라코스테와 크로커다일은 비슷한 상표 문양 때문에 '악어의 대결'이라는 이름까지 붙여지며 경쟁 아닌 경쟁을 해 왔다. 옷 스타일이나 느낌이 조금씩 달랐지만 닮아도 너무 닮은 상표 때문에 두 회사가 같이 인기를 얻었던 것도 사실이다.

둘의 구분법은 라코스테의 악어가 오른쪽을 향하고 있고, 크로커다일의 악어가 왼쪽을 향하고 있다는 차이를 찾는 것이 가장 대표적이다. 그 외에는 누가 입을 더 벌렸나, 브랜드명이 어디에 적혀 있는가 등이다.

크로커다일은 최병오 형지그룹에서 차용한 브랜드라고 보면 된다. 라코스테의 명성을 차용한 것이다. 중요한 것은 라코스테가 특급 백화점 정식매장에서 팔릴 때, 크로커다일을 1급 혹은 2급 백화점의 가판매장에서 팔았다는 것이다.

1990년대 전후의 한국 사람들이 인터넷이나 스마트폰 등에 익숙하지 않아 브랜드의 명칭과 로고를 명확하게 구분할 수 없었을 때, 어디서 본 듯한 고급 의류 브랜드 라코스테의 이미지를 슬쩍 차용한 크로커다일을 만들어 판매한 것이다. 이때 라코스테 브랜드로 오인하고 산 사람들이 다시 찾아와 환불을 요청하면 기꺼이 해 줬다고 한다. 이를 통해 백화점 측과 마찰도 방지하고 지속해서 사업을 영위할 수 있었다. 이런 일련의 제조 브랜딩, 판매 과정에서 형지그룹은 품질을 관리하는 법을 익히고, 신상품을 개발하면서 브랜드를 관리하는 전 과정을 사내의 지식으로 확보하게 된다. 뒷날 크로커다일과 라코스떼 두 회사 간의 소송을 통해 크로커다일이라는 브랜드를 더 이상 사용하지 못하게 되었지만 이미 내부적 역량은 확보한 것이다. 비록 초기에는 이미지를 차용한 미투 브랜드(me too)였지만 품질을 키우고 관리하면서 여러 개의 패션 브랜드를 갖춘 중견 기업으로 발전하게 된다.

여기서 강조하고 싶은 것은 최병오 회장의 경영방식에 대한 것이 아니라, 제품이 적정 수준의 품질을 확보하였다면, 기존에 누군가가 가지고 있던 이미지를 적절한 수준에서 차용한다면, 보다 쉽게 브랜드력을 확보할 수 있다는 것이다.

5) 경쟁자를 정의하고, 싸움거리를 찾아라, 그리고 언론을 활용하라!

2010년도 이후 전 세계의 휴대폰이 스마트폰으로 넘어가면서 당시 LG전자는 시장 급변을 오판했다. 휴대폰의 기능을 너무 소극적으로 해석했으며, 미래의 변화에 준비한 것을 놓쳤다. 애플컴퓨터라는 회사에서 애플로 이름을 바꾼 전자 회사가 처음 휴대폰을 내어놓을 때 다들 비웃었다. 애플이 만든 휴대폰은 통화품질도 좋지 않다는 이야기가 있었다. 더구나 여러 가지 이유에서 애플의 스마트폰은 한국에 상대적으로 늦게 도입되었다. GPS 기능이 내장된 스마트폰이 어떤 획기적인 변화를 초래했는지, 컴퓨터 한 대를 휴대폰에 집어넣은 기술이 어떤 획기적인 변화를 가져올지를 간과했다. 이는 노키아도 마찬가지였다.

이런 시기에 기존 강자 중에서 삼성만이 애플과 경쟁을 하면서 둘만의 세상을 만들어 갔다. 둘의 법적 싸움은 전 세계의 뉴스거리였다. 소송비용은 엄청 났다. 하지만 그 소송비용은 전체 뉴스나 인터넷 등에 등장한 홍보 비용에 비하면 속된 말로 새 발의 피 수준이다. 둘이 워낙 크게 싸우는 바람에 전 세계 언론에서 거의 매일 대서특필하면서 스마트폰 시장을 키워갔다. 사람들이 신제품을 쉽게 알게 된 것이다. 그리고 모든 사람들이 애플 편이나 아니면 삼성 편이었다. 인간의 독특한 이분법적 사고의 특징을 잘 활용한 것이다. 적 아니면 아군이라는 도식을 적용한 것이다. 상품의 수용 사이클로 볼 때, 1~2년 지난 뒤에라야 수용할 수 있는 잠재고객까지 조기에 스마트폰 시장에 뛰어든 것이다. 그래서 다른 기업들이 따라 할 시간을 빼앗아 버렸다.

삼성과 애플 두 기업의 엄청난 싸움은 두 회사의 노련한 경영자들의 이심전심에 의한 땅 짚고 헤엄치기 싸움이었으며, 두 기업 모두에게 엄청난 기회를 제공했다고 생각한다. 다만 이런 기회는 많지도 않고, 항상 필요한 것도 아니며, 필요하다고 해도 그런 기회가 쉽게 오지도 않는다.

경쟁상대를 잘 찾거나 잘 정의하는 것, 그 경쟁상대와 함께 성장하는 것은 결코 나쁘지 않다. 이를 상보적 경쟁 관계라고 표현하기도 하는데, 상호보완적인 관계라는 뜻이다. 정치계에서도 김영삼 전 대통령과 김대중 전 대통령을 꼽으며, 대학에서는 연세대와 고려대를 (혹은 고려대와 연세대), 기업계에서는 삼성과 LG 등이 대표적인 예이며, 화장품 업계에서는 아모레퍼시픽과 LG생활건강이 대표적인 예다. 또한 더페이스샵과 미샤의 경쟁 구도가 한 예이다. 일본의 경우에는 도요타와 혼다가 대표적인 맞수이다. 경쟁자를 잘 찾아서, 언론이 좋아할 적절한 이슈를 만들어 내는 것은 매우 효과적인 방법이다. 여기서 언론이란 신문, 방송, SNS(유튜브, 페이스북, 인스타그램 등)와 같은 모든 미디어 수단을 통칭한다. 언론은 항상 싸움거리와 같은 구경거리를 찾아다닌다. 혹여 군이 언론에 노출되지 않더라도, 설정된 목표는 내부 직원들 간의 경쟁심 유발을 통한 성과창출이나 단합에도 도움이 되며, 직원 간 공유된 가치(shared value) 창조에도 큰 도움이 된다. 이때 아주 치명적인, 최악의 뉴스는 피해야 하겠지만, 다소 문제가 있더라도 언론에 많이 노출된다면 브랜드 인지도를 쌓는 데 도움이 된다. 그게 좋은 뉴스(Good news)라면 더할 나위 없이 좋지만, 관례적인 사항이거나 관용을 베풀 수 있는 수준이라면 적절히 나쁜 뉴스라도 브랜드 인지도 확보에 도움이 된다. 상품의 브랜드란 잊히거나 아무도 아는 사람이 없을 때가 최악인 것이다. 언론을 잘 활용하는 것은 쉽게 브랜드를 높이는 데 아주 중요한 수단의 하나다.

후 기

COVID-19로 어수선한 와중에 이 책을 마무리할 수 있게 된 것에 대해 한국학술정보 관계자 분들께 먼저 감사의 인사를 올린다.

이 책은 2016년도 말경에 화장품 회사 대표이자 숙명여대에 출강 중이던 김수미 교수님과 만찬 세미나 모임에서 브랜드를 좀 더 쉽게 만들려면 어떻게 하는지, 한류를 어떻게 활용하면 더 좋은지에 대해서 이야기 하던 중에 의기투합해서 시작된 것이다. 그 뒤 틈틈이 주말을 이용해서 글을 쓰다가 또 바꾸기를 수없이 했다.

원래 목적이 연구보고서나 대학교 교재와 같은 딱딱한 내용이 아닌, 독자들이 편하게 이해할 수 있게 브랜드마케팅에 대한 요점을 그동안 내가 듣거나 경험한 바, 혹은 상담을 하다가 알게 된 내용을 바탕으로 풀어내는 것이었는데 생각보다 무척 어려웠다.

초기 계획에 비해 훨씬 많은 노력이 들어갔지만 다행히 많은 사람들의 도움을 얻을 수 있었는데 그중의 하나가 민병욱 사장님의 초기 리뷰와 조언이다. 민병욱 사장님은 대기업인 L전자에서 전략기획과 브랜드마케팅 관리 등과 같은 업무를 하다가 창업에 성공한 기업인으로, 2020년 COVID-19 팬데믹 때 모든 것이 중지되어 갑자기 할 일이 없어졌다고 푸념하길래 원고를 읽고 조언을 해 달라고 부탁했었고, 기꺼이 소중한 시간을 내서 꼼꼼히 리뷰해 줬다. 이 자리를 빌려 감사드린다.

저자처럼 책상머리에 앉아 월급 받아가면서 일하는 사람과 아무리 작아도 자신의 모든 것을 걸고 창업하여 성공한 사업가는 차원이 다르다는 것을 수차례 경험했다. 저자가 비록 남들보다 운 좋게 다양한 경험을 했고, 관련 학문적인 연구를 했다고 하더라도 직접 흙먼지를 묻혀 가면서 창업한 경영자에게도 실질적으로 도움이 될 수 있을까 하는 걱정이 가장 컸다. 온실이 아닌 브랜드마케팅 사업이라는 거친 파도를 극복한 경영자에게도 활용될 수 있는 책을 쓰고 싶었다. 화장품이라는 브랜드가 가장 중요한 사업에 성공한 김수미 교수와 공동 저술하기로 의기투합하였고, 수차례의 회의와 기초 작업까지 마쳤다가, 결국 본인의 사업과 강의 때문에 구체적으로 작성할 시간을 낼 수 없어 집필 대신 감수를 봐 주었고, 이로써 나의 걱정을 조금이나마 덜 수 있었다.

한편 우리나라 대기업 화장품 회사에서 근무하다가 중견 화장품 회사의 대표이사도 하신 나종호 교수님의 감수에 깊이 감사드린다. 나 교수님의 경우 화장품 사업뿐만 아니라 브랜드 관련 실전경험이 아주 많고, 현재 대학교 교수로 재직하면서도 한국강소기업연구원 원장을 맡고 계셔서 이 책의 감수를 봐 주신다면 그 역시 더할 나위 없이 감사하고 소중한 일이어서 어렵게 청을 드렸는데 매우 바쁘신 분인데도 불구하고 그간 저자와의 정리와 브랜드 마케팅에 대한 본인의 사명감으로 귀한 시간을 할애해서 아주 꼼꼼하게 잘 봐 주셔서 오류를 줄일 수 있었다.

한편 이 책에 있는 많은 지식과 경험은 KOTRA 해외 무역관 근무 2회, 8년에 걸친 해외 마케팅 지원 경험과 미디어 리서치, 이언그룹과 LG텔레콤 등 전·현직 직장 동료 선후배, 대학교 은사님들의 주옥같은 지도편달 덕분이다. 이 자리를 빌려 그간 도와주신 많은 고마운 분들께 감사드리며, 그 많은 훌륭하신 분들의 조언에도 불구하고 이 책에 있을 수 있는 모든 오류는 전적으로 저자의 잘못이니, 많은 분들의 따뜻한 조언을 기대한다.

끝으로 이 책이 출판할 수 있도록 오탈자 수정부터 출판을 앞당길 수 있도록 수많은 지원을 해 준 아내 김영지와 바쁜 와중에 리뷰해 준 동생 이지령, 이순주에게 감사의 인사를 전하고 싶다. 이 책을 준비할 때는 중학생이었는데 어느덧 대학생이 된 내 딸 이채윤과 그새 사춘기를 훌쩍 뛰어넘어 사내가 된 아들 이경훈과 함께하지 못했던 많은 시간에 대해서 한편으로는 미안하고 또 한편으로는 잘 참아 준 것에 대해서 고맙게 생각한다. 책 출판 소식을 들으면 누구보다 기뻐하실 부친 이상기 님과 모친 박영자 님께도 큰 감사의 인사를 올린다.

자카르타에서 저자 이창현

이창현 (언론학 박사/KOTRA 근무 중)

- KOTRA 국가브랜드 관리 본부 운영, KOTRA 밀라노 및 자카르타 무역관, 대통령직 속 국가브랜드 위원회 선임전문위원
- (주) LG텔레콤 마케팅실 부장, (주) 이언그룹 이사 및 경영/마케팅전략 컨설턴트, (주)미디어리서치 연구원
- 전라북도 홍보기획위원, 대검찰청 홍보기획위원, 특허청/발명진흥회 평가위원, 아름다운재단 희망제작소 자문위원 등
- 저술 및 주요 논문: ≪국가브랜드와 한류≫(한국학술정보, 2011), ≪덴마크의 국가브랜드 관리 계획서≫(공역, KOTRA, 2008), ≪맥킨지는 일하는 방식이 다르다(The Mckinsey way)≫(공역, 김영사, 1999), 〈이탈리아 소수민족 연구〉, 〈한류 체험경로별 국가이미지 제고효과 분석〉, 〈한류경험의 유형이 국가브랜드 이미지와 기업 및 제품의 인식에 미치는 영향에 관한 연구〉, 〈국가브랜드에 대한 태도가 제품구매의도에 미치는 영향〉 외 다수
- 출강 등: 생산성본부, 인하대, 성균관대, 한양대, 이화여대, 한국외국어대, 부산대, Università Ca' Foscari Venezia(이탈리아), Universitas Indonesia, Telkom Institute of Technology 등 국내외 대학교 및 L 대기업 교육원 등에서 강의 및 교육 훈련

나종호 (감수)

- 한국강소기업협회 상임부회장, 한국강소기업연구원, 한국경영학회 이사, 한신대학교 전임교수(경영학 박사)
- 엔프라니 대표, 한경희생활과학 부사장 등 기업, 컨설팅사 대표, 임원
- 저술: ≪삼성을 이기는 강소기업전략≫(공저, 비즈니스북스, 2011), ≪빅마케팅≫(동방의빛, 2012), ≪성공을 부르는 밀리언셀링마인드≫(동방의빛, 2013), ≪경영성과를 높이는 마케팅 실무매뉴얼≫(이서원, 2013), ≪중소기업 생존전략≫(이서원, 2015) 외 다수

김수미 (감수)

- 코스웨이(주) 대표이사, (주)파워풀엑스 사외이사, (주)뷰티시그널 고문, (주)센트바이 향심리연구소 코스메틱 연구원
- 숙명여자대학교 향장미용전공 초빙교수, 숙명여자대학교 K뷰티 최고위 책임교수, 연세대학교 글로벌뷰티최고위 자문, (사)한국마케팅협회 마케팅연구소장

쉽게 브랜드 가치
30% 높이기

초판인쇄 2021년 5월 25일
초판발행 2021년 5월 25일

지은이 이창현
펴낸이 채종준
펴낸곳 한국학술정보㈜
주소 경기도 파주시 회동길 230(문발동)
전화 031) 908-3181(대표)
팩스 031) 908-3189
홈페이지 http://ebook.kstudy.com
전자우편 출판사업부 publish@kstudy.com
등록 제일산-115호(2000. 6. 19)

ISBN 979-11-6603-428-2 93320